生活すること、生きること

有元葉子

大和書房

最近みつけたことがあります。

すてきな器があって、これにサラダを山高にふわふわっと盛りたいと思ったけれど、底面積が広いから、さて、どうしたものかと。器をじっと見ているとひらめきました。未使用のクリアファイルを、7、8㎝幅の帯状にはさみで切って輪にし、端をテープでとめて器にポンと置きます。この中にいろいろな葉っぱを積み重ねるように盛って、食卓へ出す直前にクリアファイルを外せば、器の真ん中にこんもりと高く料理がおさまってくれて美しいのです。シェフであればセルクルを使うでしょうが、家にあるものでできて高さも大きさも自由になるのもいいところ。ねっ、愉《たの》しい発見でしょう？

私の愉しみはこんなふうに、日々のささやかな暮らしの中にあります。

生きていると本当にいろいろなことが押し寄せてきます。嫌なことや、悩み事が私にもたくさんあったし、今もないとは言えません。自分の人生なのに、自分の思い通りにはならないんですよね。私たちにできるのは、毎日の暮らしをちゃんとすることだけです。暮らしを自分なりに快適に愉しくしようと努めていれば、自分の根幹ができる気がする。ちょっとやそっとの人生の荒波には負けない、しなやかな心身でいられるように思います。

目次

3 住まいのこと

4 仕事のこと

5 子どもと過ごした時間のこと

6 私にとって大切なこと

目に入るものを天然素材のものだけにしてみる。それだけで家の空気が変わるはず。

ベランダでは葉山「げんべい商店」のビーチサンダルを。これは本当にはき心地がいいです。

ベランダで採れたいちごを朝ごはんに添えたり。愛らしい葉はお弁当の仕切りに使います。

子どもたちに毎日おやつを作りました。上手に作れるようになるまで、何日も同じものを。

お菓子の型や道具は、なぜか昔のもののほうが好き。愛着があるせいでしょうか。

国産の殻つきくるみは最高においしい。専用の道具できゅっきゅっと殻を割って食べるのです。

1

からだのこと

自分の中を見る

健康や美容のために、どんなものを食べていますか？　ということをよく聞かれます。私たちのからだは食べものでできていますから、こういう発想をする気持ちもわかります。でも私自身は、そうした考え方をしたことがないのです。

ある女性誌のインタビューでも聞かれました。「50歳を過ぎたら、女性は積極的にタンパク質を摂らないといけないと言われます。中でも良質でヘルシーな大豆プロテインを摂りたいので、おいしい大豆料理を教えてください」と。あら、大変だわ、と思いながら私は答えました。「大豆は好きでいろいろな食べ方をします。大豆料理の本も出しているぐらいで、いくらでもレシピをお教えすることはできますけれど……。〝○○のために○○を食べる〟という考え方を、私はしていないのです」。

食べるものに対する考え方は、昔から一貫しています。

からだが求めるものを食べる。

「血液がサラサラになるから」とか「筋肉を増やしたいから」「ビタミンが足りていないから」とか頭で考えて食べるのではなく、そのときどきのからだが求めているものを食べています。からだの中から「あれが食べたい」と聞こえてきたものを、おいしく適量食べていれば、結果としてからだによくて、健康でいられる。そう思っています。

「人間も動物」という意識を私は常に持っています。自然の中で生きている動物は、「からだにいいから」と食べているわけではないですよね。青虫は、たとえばアゲハチョウの幼虫なら、山椒《さんしょう》などの柑橘《かんきつ》系やディルやフェンネルの葉しか食べない。動物は食べるべきものがおのずと決まっていて、それを適量食べて生命をつないでいる。みんなが違うものを食べて、みんなで共存できるように自然に仕組まれているわけです。

食べなくては生きていかれないし、食べすぎても自然のサイクルの妨げになる。だから動物は適量を知っている。人間も動物なのですから、頭で考えずに、からだの声を聞いて「食べたいもの」を、からだが求める量だけ食べるのがいちばんいい。

私はよく、自分の中を「見る」、というか「感じる」ことをするのです。

毎朝必ずやるという決め事ではなくて、ちょっとしたときに、お風呂に入りながらとか、歯磨きをしながらとかいつでもいいのですが、とにかく一日一回、からだの中を感じるようにします。

頭のてっぺんから、足の指先までの様子をひとつひとつ観察します。「今日は鼻が詰まる」「左手の中指に違和感がある」「胃がちょっと重い感じ」「ふくらはぎがかたい」……。からだの中をていねいに見つめていくと、小さな気づきがあったりします。

もちろん、どこも痛くもかゆくもなければオーケーです。でも、どこかに違和感や痛みや気持ち悪さがある場合は、すぐに対処します。胃腸の調子がよくないときは食事を抜くこともあります。どこかがかたくなっていたり痛いときには、軽くストレッチをすることもあるし、ジムでその部分に働きかけるトレーニングをすることもあります。変な感じがひどければ、お医者様に行きます。とにかく、自分のからだの中のちょっとした変化に早めに気がつくことが大事だと思うのです。

食欲に関しても同じです。「今はどんな感じかな」「何が食べたい？」とからだに尋ねることが習慣になっています。食事時間が近づいてお腹が空いてくると、からだが勝手に教えてくれるのです。「今日はしっかり食べたい」とか、「負担のない軽いものがいい」とか、「今はあまり食べたくない」とか。そんなふうに、おのずと聞こえてくるからだの声に〝できるだけ〟応えるだけ。これが私の食生活です。

ときには、外からの情報をシャットアウトすることも必要かもしれません。SNSなどでおいしそうな料理の写真が流れてくると、「食べたい！」と頭が欲しがることもあるでしょう。さまざまな栄養学やテレビで流される食の情報を知ると、「これを食べなきゃ」と頭が騒ぎます。

頭の動きを止めて、からだの中と対話すること。自分の内側の状態を見つめ、からだの中を感じとること。これが私のからだへの気づかいです。

疲れた日の夕食は野菜スープ

元気な人でいるために、からだの声をちゃんと聞いて、からだの求めるものを食べたいと思っています。からだは自然の一部で、自然の営みと直結していますから、蒸し暑い日にはみずみずしい野菜や、すっきりとした酸味を求めます。冷え込む夜には、すぐにポカポカ温まる鍋物や、エネルギーの蓄えとなるコクのある料理を欲しがります。からだは実に素直で自然です。

何を食べたらいいかを教えてもらう以外にも、からだに聞くべきことがあります。そもそも「食べたい？」「食べたくない？」ということです。

よく、「食べないとからだに悪いよ」と言うけれど、私の考えは逆です。食べたくないときは食べないほうがいい。「食べたくない」という信号をからだが発しているときは、無理に食べないほうがいいと思うのです。

胃腸の調子がよくないとき、空腹を感じないときは、食べなくてもいい。むしろ、お腹の中を空っぽにしたほうが、からだは楽になり、不調が早く治ると感じています。

忙しい日が続いて、すごく疲れているときは、心身だけでなく自覚はないけれど胃腸も疲れているのでしょう。こういうとき、私は夕食に野菜スープを飲んで、ほかに何も食べないで寝てしまいます。食欲はないけれど、ちょっと何かお腹に入れないと収まりが悪い感じのときってありませんか？　そんなときは野菜スープがうってつけ。具を入れない、野菜だけでとったスープならスーッとお腹に入ります。

わが家では、冷凍庫に野菜スープがたいていストックされています。昆布とかつお節のだし汁や、鶏でとったスープと同じく、うちの冷凍庫の常備アイテムです。

にんじんのヘタや皮、セロリの茎や葉っぱ、玉ねぎの茶色い皮、パセリの軸など、料理中に出る野菜くずをみんな鍋に入れて、かぶるほどの水を注ぎ、ふたをしないで火にかけます。沸騰したら弱火にして1時間ぐらい静かに煮ます。かたく絞ったさらしでこせば、野菜スープの完成です。熱がとれたら保存容器に入れて「野菜」「Ve(getable)」と書いたラベルを貼って冷凍庫へ。凍ると、中身が何だかわからなくなってしまうのでラベルは必須です。

野菜スープは、ゆで汁がおいしい野菜なら何を入れてもかまいません。キャベツ、長ねぎ、トマト、アスパラガス、かぶ、大根の葉っぱ、ブロッコリーの芯……。中途半端に残った野菜も、たとえばにんじんなら皮つきのまま輪切りにして、小松菜なら2㎝ほどの長さに切って、〝味の出やすい状態にして〟煮出すといいです。野菜の組み合わせも、そのときにあるものでいい。適当に作ってもおいしいスープができるのだから、くず野菜を捨てるなんてもったいないです。

台所のコンロの片隅に水を入れた深鍋を置いて、料理中に出た野菜の端きれをポンポン入れていくのは、イタリアの田舎でよく見る光景です。ふつふつと煮込んで味と香りが出たら、火を止めてそのまま置いておき、ときどき火を入れて悪くならないようにキープ。あちらでは、いつでもコンロの片隅にあるこの野菜スープをちょっとすくっては、いろいろな料理のベース（味だし）に使っています。それを見て、私もやろう！と思ったのです。

野菜の端きれでとったスープは、家庭のふだんの食事の「だし」の役目をしてくれます。

こうしてとった野菜スープは、さまざまな料理に使えますし、スープとしてそのまま飲んでも、とてもおいしいのです。

疲れて帰った日。冷凍庫から野菜スープを出して、鍋に入れて温め、ちょっとだけ塩をふって、アツアツをいただきます。具が何も入らない、本当に汁だけのスープですが、疲れたからだに染み入るおいしさです。熱いものが入るとお腹が満足して、自然に眠りにつけるよう。

野菜だけのスープは、胃腸に負担がかかりません。だから野菜スープだけを飲んで寝た翌朝は、それはもう心身がすっきり。疲労も吹き飛んでいます。おいしいものがありすぎる現代、私たちはたいてい食べすぎなので、たまにはこうした引き算の食事も必要なように思います。

しかしこのスープも、材料の野菜が農薬だらけだったら……怖いです。だから、野菜などのふだんよく口にする素材ほど、吟味したいものです。

大事なのは腸と筋肉

最近とみに感じているのは、腸と筋肉が大事だということです。いくつになっても気持ちよく元気に暮らすためには、腸と筋肉、このふたつが重要な気がすごくする。

私にとっては、どうやら頭じゃないらしい。人間のいちばん賢くて大事な部分は「頭」というイメージがあるけれど、お腹の中の状態がよくて、筋肉をしっかり動かしていることで、頭もちゃんと働く。頭はあとからついてくると感じています。

まずは腸です。私の場合、腸がいちばん体調を左右します。

昔から、からだがシャンとしなくて元気がない状態のことを「お腹に力が入らない」と言いますが、まさにそうなのです。腹とは丹田《たんでん》のことのようですが、「腹が据《す》わる」「腹に据えかねる」「腹が立つ」「腹をくくる」「腹を割って話す」などの言葉があるように、日本人はどうも、頭よりもお腹を自分の中心としてとらえてきたようなところがあります。

私にもこの感覚はわかる気がする。お腹の調子が悪ければ、丹田に力が入りません。お腹に力が入らなければ、何をやってもうまくいきません。日本料理のかつらむきは、お腹に力が入らないと薄くきれいにできないと聞いたことがあります。お腹に力が入らなければ仕事にも集中できないし、心の底から笑うこともできないのです。

外見の美しさも、お腹の中から始まるのではないでしょうか。

からだって管《くだ》でしょう？　上から下から表面まですべてつながっている。だから、お腹の中がきれいになれば、外側も自然によくなるはずです。高価な化粧品を使うことには興味がないし、エステにも行きません。外側をととのえることよりも、内側をととのえることのほうが大事だと思うからです。

すべては腸をととのえることから——。ちょっと抽象的でしょうか。つまり、腸の中をいつもきれいに掃除しておくということかな？

1年ほど前にもち麦と出合いました。以来、一日一食のどれかをもち麦にしていて、腸の調子がすこぶるいいです。もち麦のおかげで、お腹の中が気持ちよく空っぽになる感覚があって、私には合っているようです。そこへ新鮮な野菜や海藻と、時々はしっかり肉や魚を食べる。そんな食べ方が自然としたくなります。

からだは管ですから、管のどこにも詰まりがないことが大事。水分も栄養もスムーズに管を通って吸収されて、スムーズにいらないものが外に出て行く循環を作ることが大事です。管をきれいにするには、やはり食べ物は大事なファクターです。

一日一食をもち麦に

ある仕事がきっかけで、北海道の大麦農家を訪ねるお誘いをいただきました。行ってみると、北海道の北東部にあるオホーツク地域には、大麦や小麦や玉ねぎなどを有機農法で作っている生産者さんたちがいて、とてもよいネットワークができているようです。

一か所を訪ねると、「こういうところもあるよ」と次の生産者を紹介してくださいます。そうして訪ねる先々がどこも快く受け入れてくださって、そしてここがかんじんなのですが、訪ねる先々の農産物がどれも本当においしいのです。涙の出ない玉ねぎと、オホーツクで初めて出合いました。切っている人のそばを通っただけでも涙を出すので笑われる私ですが、ここの玉ねぎは不思議と涙が出ないのです。

信念を持って食べ物を作っていらっしゃるオホーツク地域の農家さんたちと、うれしいご縁ができました。

小麦を作っている農家さんは、とても気持ちのいい若いご夫婦でした。手間を惜しまず、実直に働いて、美しい畑を作っていらっしゃいます。小麦のほかにも、近年は家族の健康のためにもち麦を作り、販売も始めたところ、そちらも人気だという話です。

もち麦は大麦の一種で、モチモチ、プチプチとした食感が特徴です。とても優れた食品で、もち麦は腸の中の善玉菌のエサとなり、腸内環境をととのえてくれるそうです。また、食べたものの消化吸収をゆるやかにし、糖質の吸収を抑える働きがあるため、血中コレステロール値の正常化も期待できるといいます。実際、知人がもち麦を食べるようになってから、悪玉コレステロールの数値が下がったと驚いていました。そして、もち麦を食べてやせる方がまわりにとても多いのです。

食べ方は、お米に混ぜて炊くのが一般的なようです。私自身はご飯に混ぜるよりも、ゆでたもち麦をそのまま食べるのが好きです。

カップ1杯ぐらいのもち麦を洗って、かぶるぐらいの水に浸して寝る前に冷蔵庫に入れておき、翌朝、水からゆでます。沸騰したら中火ぐらいに落とし、途中で食べてみて、好きなやわらかさになるまで。あらかじめ浸水させておくと、朝の身じたくや片づけをしているうちに炊き上がります。浸水しないでゆでる場合は、水から25分程度ゆでると、ほどよいやわらかさになると思います。

ゆでるともち麦からぬめりが出ます。そのままでもいいのですが、私はこれがあまり好きではないので、水でぬめりを洗い落とします。そして水気をきり、ボウルに重ねたざるに入れて、プレートでふたをして冷蔵庫で保存します。3、4日はこの状態でもちますから、好きなときに好きなように食べればよし、です。

ゆでたもち麦と、あずき（甘みを入れずにゆでたもの）を器に入れて、ミルクを注いで食べるのが好きです。ミルクは本来苦手なのですが、なぜかこの食べ方なら抵抗がありません。甘みが欲しいときは、フルーツやはちみつ、メープルシロップを加えたりも。でも甘くしないで食べるのも気に入っています。ちなみにこうしてミルクを少し取り入れるようになり、メーカーによってミルクの味がだいぶ異なることがわかりました。何事もトライですね。

もち麦はスープにするのもすごくおいしい。おすすめはアサリ、ハマグリ、シジミといった貝のスープです。砂出しをしてよく洗った貝を鍋に入れ、水から煮ると、おいしいだしが出ます。そこへちょっとだけ塩で味をつけ、きざんだトマトともち麦、ざくっと切ったパセリを入れて少し煮て、オリーブオイルをたらす。それだけですが、満足感のある一食になります。鶏のスープや、野菜だけでとったスープ（20ページ参照）に、もち麦を入れて食べてもおいしいです。

もち麦を食べるようになって、朝の目覚めもよくなり、もちろんお腹の調子も万全。元気や若さの秘訣を聞かれたら、「やはり食べものと運動かしら」と答えるしかないこの頃なのです。

からだにいいから食べる、というのは、私のポリシーではありません。おいしいから食べる。

「そうは言っても、今回ばかりは有元さんも〝からだにいいから〟と頭で食べているんじゃないの、苦手なはずの牛乳までかけているし」とも言われましたが、続けてその方は「でも違うということが、自分で食べてみてわかりました。もち麦と甘くないあずきと牛乳の組み合わせ、意外なほどにおいしいですね」と。

そうなんです。自分がおいしいと感じなければ、いくら健康によくても続かない。おいしいうえに、もち麦もゆであずきも牛乳も冷蔵庫に常備しておけるので、食べたいときにいつでも簡単に食べられる。本当によいものと出合えたと思っています。

ジムに行くようになるまで

ジムに行くようになったのは、5、6年前からです。ずいぶん昔から会員にはなっていて、会費はずっと払い続けていたのですが、まるで行っていなくて。もったいないな、いつやめようかしら……とモヤモヤしている状態でした。

5、6年前のある雨の日のことです。気のおけない人たちとの食事会に行くとき、店の場所を確認するためにスマホで地図を見ていて、足をすべらせてしまいました。楽しさもあって食事中はそれほど痛みはなかったのですが、帰宅して見ると足がパンパンに腫れ上がっていて。翌日、病院へ行くと骨折していることがわかりました。すぐに入院手術が必要でしたが、仕事の予定がギュッと詰まっている時期でままならず。結局、手術ができたのは3か月後。その間は痛みをこらえて仕事を続け、かなりつらい思いをしました。

そのときに、「あ、これはジムに行けっていうことかな」という気持ちが湧いてきたのです。それで手術をしてリハビリに通い、回復すると、すぐにジムに行くようになりました。

人にこの話をすると「普通は逆ですよね」とたいてい言われます。骨折して足を痛めたから運動をやめてしまった、ということのほうがよく聞くそうです。50歳以上になると女性は骨がもろくなるし、からだを痛めると運動するのが怖くなる人が多いみたいです。

私は逆でした。「今まで自分のからだのことなど考えていなかったし、このままでは退化するばかり。からだを鍛えることや柔軟性がこれからますます必要になる」と痛感しました。

われながら正解だったと思うのは、ジムでトレーナーについてもらったこと。専門のトレーナーの教え方はやっぱり違うのです。からだの状態に合った筋トレや、マシーンの使い方を教えてもらうと、「なるほど」と自分でも納得できておもしろい。納得して動かすのと、よくわからずにむやみに動かすのとでは、効果の出方が違うと思います。

今も週に1回ほどトレーナーについてもらい、ほかにも時間のあるときにジムへ行って、自分ひとりでもトレーニングをしています。

マシーンの使い方は教えてもらってだいたいわかっているつもりでも、中には、ここのボタンを押して自分のからだに合わせてから動かす……というような複雑なものもいくつかあって、使い方を忘れていたりもします。そういうときは、受付にいる体育大学の学生みたいな若いスタッフたちに声をかけます。「忘れてしまったので、教えてもらえます？」と。みなさん、ていねいに教えてくれます。

でも、本当はなかなか気が向かないんですよ。ジムに行くことには前向きではないんです。運動をすることがそもそも好きではないので。それで長年、ジムの幽霊会員だったわけで。「行きたくないな」と今も毎回思います。ところが行くと、気持ちがいい。帰りには「ああ、行ってよかった」と思う。

だからジムに行くまでは、いつも自分の中で葛藤があります。〝「嫌だけど」という気持ちはちょっと置いておいて、行くの？　行かないの？〟と自分に問いかける。

結局は「やるか、やらないか」だけなんですよね。なんでもそう。「何か運動をしなくちゃ」も「片づけなくちゃ」も、そういう気持ちがあるのなら、あとはやるか、やらないか。それを自分で決めるだけ。

ジムに行かないほうを選んで、うちにずっといたら、「行けばよかった」とか「だからダメなのよね」とか後悔することはわかっている。ジムに行くにしても、3時間も4時間も筋トレをするわけじゃないし、長くても1時間程度で、30分でもいいから、からだを動かすと帰りはスッキリしている。気持ちがよくて、気分もよくて「ああ、行ってよかった」といつも思う。〝だから、行けばいいじゃない？　好きなマシーンだけやって帰ってくればいいいじゃないの〟と自問自答して、嫌だけど「行く」ほうを選ぶ。

私はこんなふうなのです。決して意思のかたい人ではなくて、ユラユラしている。でも、こんなふうでもジム通いを続けているおかげで、筋肉がついたし、体幹がしっかりしてきて、からだが変わったことを実感しているこの頃です。

家もジム、仕事場もジム

運動をしているからといって、からだは急に変わるものではないですね。人にもよるでしょうが、私の場合、何年という単位で少しずつ変わっていったという実感です。

今のからだがどんなふうかというと、たとえば、あるお茶会に参加したときのこと。私がお茶碗を持ってご亭主に返しにいくときに、どうしたことか、ご亭主の面前でひっくり返って転んでしまいました。大切なお茶碗は？　気がついたら茶碗をささげ持った格好で倒れていたのです。そこでお客様は拍手喝采《かっさい》！　お茶碗が無事でよかった。もちろん私も怪我もなく無事でした。これも筋肉のおかげかな？

ジムで筋トレをするだけでなく、からだを動かすことをさまざまやっています。ピラティスは昔から、行ったり行かなかったりのスローなペースですが、ずっと続けています。水泳も数年前に始めました（詳しくは40ページを）。スクワットをしたり、ジムで教わったストレッチを家でもしています。

どんなストレッチもそうですが、正しいフォームでやらないと効果が上がらないそうです。たとえばスクワットにはいろいろな方法がありますが、私に必要なのはこういうやり方。両足を大きく開き、膝を前に出さないようにしながら、お尻をキュッとうしろに突き出す。この姿勢でゆっくり腰の位置を下げていくと、太ももの前側や内側が結構つらくて、効いている感じがわかります。これを毎日、10回2セットやります。

あとは腹筋。腹筋はとても大事です。ピラティスの先生にも「お腹！」「お腹を意識して」といつも言われるし、水泳の先生にも「お腹、お腹、お腹」とずっと言われている。お腹すなわち腹筋は、あらゆる運動の要のようです。

腹筋運動も家でやっています。床に寝た状態で、両足を揃えてまっすぐにしたまま90度の角度になるまで上げます。そして、ゆっくり下ろす。ゆっくり、ゆっくりが大事です。バタンと足を下ろすのではダメで、ゆっくりやることで負荷がかかる。これも結構きついです。8回めぐらいで「ああ、もう下げられない」という感じになるけれど、がんばって10回やる。

スタジオで仕事をしている最中も、腹筋を意識して動いています。たとえば、棚の下のほうにある重いお鍋をかがんで持って立ち上がるとき、腹筋に力を入れて背筋を伸ばしてシュッと立つ。重ねたお皿を持って立ち上がるときもそう。意識的にやるわけです。

立つでも座るでも、腹筋にキュッと力を入れていると、背筋が自然に伸びて姿勢がよくなります。バランスがとれて歩く姿もきれいです。きれいなだけでなく、腹筋がちゃんとしていると腰に負担がかからない。だから私はぎっくり腰にならないのだと思います。重いものを持って立つような動作は、いちばんぎっくり腰になりそうですが。

だから、家もジム、仕事場もジム。暮らしながら、働きながら、筋トレをしているような感じです。拭き掃除も片づけも、運動だと思ってこまめにやったほうがいいと思っています。鍋や器の出し入れも腹筋を意識しながらやれば、立派な筋トレになる。家がきれいになって、からだに筋肉もつく。一挙両得です。

こんなふうに常日頃、意識してからだを使うようにしている私ですが、一日の仕事の終わりに「ああ、疲れた！」と椅子に座っていると、やはり背中が丸まっているようです。そこでピシッと娘の一言、「ママ、背中が丸いよ」。

こういうときはさっさと自宅に帰って、休むに限ります。誰の目も気にせず、ソファに寝転がるのが至福の時間です。

最近、少しだけ泳げるようになりました

実は、子どものころから水恐怖症で、水が怖い。川のそばにいるのもちょっと怖くて、なるべく離れて歩きたいぐらい。だから海は遠くから眺めるもの。もちろん泳げないし、水に顔をつけるのも嫌なくらいです。

そんな私が一念発起して、5、6年前から水泳を始めました。ジムのプールで、コーチについて泳ぎのレッスンを受けるようになったのです。

何があったのか？　何があったわけでもないのだけれど。一生泳げない人生なんだろうな、と自分でも思っていたのですが……。

娘の子どもたちの夏休みに、ポルトガルの海辺などへバカンスに行くことがありました。日中、みんなは海やプールで泳いでいるけれど、私だけプールサイドでぼんやり。楽しそうに泳いでいる彼らを眺めながら「泳げるってどういう感じなのかな」と思って。泳げる

という感覚を知ってみたいと思ったんですね。それが水泳をやってみようかな、と思った動機です。

なるべく目立たない水着を買って、ナイロン素材のバッグに荷物を詰めて、プールに通うようになりました。足先が水に触れるのも嫌な人が、水に顔をつけるところから始めたわけですから、それはそれは長い道のりです。いや、道のりなんていうものではないですね、ゴールも何も見えなくて、毎回、無我夢中。

行くと決めたのだから、とにかく水泳のレッスンに行くわけです。1回30分だけ。30分が限界です。30分以上、水の中にいるのは私には無理。

最初のころは週に1回ぐらい。それが、忙しいと月に3回ぐらいになり、場合によっては月に1回しか行けなかったりする。1年を通しても、水の中にいるのが15時間にもならないときもありますが、とにかく続けています。

まだクロールの練習中です。はじめはコーチに手で支えてもらって、腕を前に伸ばした状態。そこから徐々にコーチが手を離していき、今はほとんど触っていなくて、どうやら自分ひとりで泳げているらしいです。でも私には泳げているのかよくわかりません。

私としては、コーチがそこにいてくれないと不安でしかたがない。コーチがいないと沈んでしまう気がして。でも、からだを緊張させず、ゆるめてゆったりと伸びていると浮く、ということは実感できるようになりました。顔を水につけるのも嫌だった人が、少しだけでも泳げるようになったのだから、大進歩と言えるかな、と自画自賛。

ちょっとでもうまくできるとコーチはすごくほめてくれるし、ダメでも落ち込まないように励ましてくれます。だから細々とでも、ずっと通えているのでしょう。「今年は完全に自立しましょう。それが目標です」とコーチから宣言されていて。「クロールができるようになれば、次は平泳ぎ。まだまだ、これからですよ。がんばりましょうね」と励まされて、「はい」って。

そんなふうに励ましてくれる人がいることは、ありがたいです。

それにしても……水の中では、呼吸が地上とは逆なのが大変です。地上では鼻で吸い、口から吐く。ところが水中では鼻から吐いて、水面から顔を出して口で空気を吸う。難しい！　泳げない人にとっては、呼吸が逆になるだけでパニックなのです。

こんなふうに水泳もジム同様、行くのが嫌で、自分と葛藤しながら出かけていく感じです。でも行けば、血流がよくなるせいか、目がぱっちりとしてよく見えるようになるし、頭もスッキリするし、お腹もちゃんとすくし、もちろんよく眠れる。運動は本当にいいことずくめ。それがわかっているのに、行く前はどうしてあんなに嫌なのかしら。おもしろい心理だな、と自分を観察しながら、運動を続けています。

2

身づくろいのこと

美容法？　何のことかしら？

美容に関しては本当に無頓着で、「聞かれても困ります」といつも言っているんです。そのことを知っている旧知の編集者から、「『有元葉子の究極のビューティブック』を作りましょう」なんて茶化されるくらい、呆れられるほどなんにもしていません。

洗顔したら、保湿のために保湿液ぐらいはつけます。「美容液もつけなきゃだめ」と娘に言われますが、美容液ってなんだろう……と思って。水泳をしたあとは顔がパリパリになるので、保湿液だけは気持ちがよくなるまでつけています。

かく言う娘も、うちはみんなナチュラル志向で、なるべく天然素材で作られた化粧品を選んでいるようです。私もそうですが、うちの家族は何においても好みがはっきりしているのです。世間での評価とは無関係に生きているというか……。心地よさを、自分の肌で選び取りたいほうです。だから各人各様違っていいのです。

日焼けに関しても昔からあまり気にしないほうでしたが、昨今の異常な日差しに、さすがに最近は日焼け止めぐらいは塗ります。忘れなければ。夏場に運転をしていて日焼け止めを忘れると、窓側の手だけがすごく焼けるので、車に乗るときは右の腕だけはなるべく忘れないようにしています。でも朝塗ったら、それっきり。30分に1回塗りなさいなんて言われても、そんなことやってられません。

クリームは肌がべたつかないものが基本です。なるべくサラリとしていたい。ですから、肌に塗るものも洋服同様、気持ちのよさが気になります。

メイク道具もほんの少ししか持っていません。ノーメイクのときが多いですし、お化粧をしなければならないときは、少しのファンデーションとアイブロウと口紅ぐらい。マスクをしていた時期は口紅もつけなくてよかったから楽でした。だから水泳に行くときなど、外出時に持ち歩くポーチの中に入っているのは、保湿液とアイブロウだけ。旅行中も、化粧品は片手の半分にもならない量ですから身軽です。

こんな感じでずっとやってきて、もちろん年齢を重ねれば、それなりの変化はありますが、逆らわなくてもいいんじゃない？って。自分ではなんの問題もなく来たので、これでいいでしょう、と思っています。私は私。人の目も気になりませんし、たとえ何か言われていたとしても、自分が気持ちいいのがいちばん。そんな感じです。

髪のこと、私の場合

髪を染めるのをいつやめるか。これはみんなの悩みですよね。シルバーヘアがすてき、と最近は言われるようにもなったけれど、染め続けている人もまだまだ多いでしょう。

私自身は、10年ぐらい前に染めるのをやめました。長年染めていたので、髪の毛の質がよくなくなってきたのを感じていたし、ずっと染めていると「今の自分の髪は本当はどんな色なの？」ってわからなくなる。それが嫌でした。自分の本当の姿を知らないのはなんか変、と思った。

もう染めるのはやめよう、と決めてからは染めていません。でも、染めるのをやめる気持ちになってもなお、迷う人が多いと聞きます。ちょっと白髪が出てきたときに、やっぱり我慢できなくて、また染めてしまうそうです。気持ちはわかります。染めるのをやめてみると、白髪がかなり進行している現実に直面して、ショックが大きいのです。そこを乗り越えるのが、ちょっと大変かもしれないです。でも乗り越えて、自然にまかせていると、だんだん髪がいい感じになってくると思います。私の場合はそうでした。

もともと私は真っ黒な髪ではなく、ちょっと茶色がかった色です。そこへ白髪が混ざって、何色ともつかないグラデーションカラーに今はなっています。髪をなんとなく上のほうで束ねて、髪留めでキュッとまとめるスタイルが定番です。「すてきですね」と言っていただくけれど、働くときに邪魔な髪が落ちてこないようにしているだけなんです。後れ毛があれば、そこだけシュッとスタイリング剤をスプレーして、落ちてこないようにしています。

髪留めはメーカーが決まっています。ALEXANDRE DE PARIS（アレクサンドル ドゥ パリ）のものが私は好き。フランスのメーカーで、昔は日本では売られておらず、ロンドンで買っていました。今は日本でも百貨店で扱っているし、ネットでも買えます。パールやスワロフスキーなどのジュエリーがついたキラキラしたデザインもあるけれど、ふだんはなるべく何もついていないシンプルなものを選びます。

いつもはシンプルなものを愛用していますが、仕事がないときは、ベージュの地色にパールがいっぱいついた髪留めをつけることがあります。アップにもせず、両側から髪を寄せてはさむだけですが、ちょっと気分が変わって楽しいです。私のささやかな髪のおしゃれ、かな。

アレクサンドルの髪留めは、値段は少々高いです。でも、髪のまとまり具合いや、留まり具合いがほかのものとぜんぜん違うのです。かみ合わせの形や、バネがいいのでしょうね。髪をしっかりつかんでくれて、多少激しく動いても、崩れたり落ちてきたりしません。

それにすごく長持ちします。髪留めは消耗品なので、わりとすぐにバネが壊れるのです。もちろんこれもいつかは壊れますが、ほかのメーカーのものが3個ダメになるところを、1個ですむという感じ。値段だけのことはあります。

どんなものでもなるべく、日本のメーカーを応援したいと思っているのですが……。よいものを長く作り続けているヨーロッパのブランドには、やはり底力がありますね。消耗品でも長持ちすることが多い。ブランド名ではなくて、実際に使ってみてよいから、という理由で愛用しています。

頭のマッサージを続けています

美容室に行くのは、年に2回か3回。そのうち1回はデジタルパーマをかけています。年齢とともに髪が細くなるし、ボリューム感もなくなってしまうんですよね。だからパーマをかけるのですが、デジタルパーマは普通のパーマよりも髪の毛が傷まず、かけておくとまとめやすいです。

美容院に行く目的は、ヘアスタイルや髪の調子を整えてもらうほかにもあって、ヘッドスパをしてもらうのです。

ヘッドスパはすごくいいです、おすすめです。ものすごくきれいに頭部の汚れを取ってくれる。自分でシャンプーするのでは落としきれない汚れが、結構残っているそうです。それを洗い落として、頭皮のマッサージもしてくれるので、最高に気持ちがいいんです。顔やからだのエステには興味がない私も、ヘッドスパにはぞっこんになりました。とは言っても、年に2回か3回程度のことで。本当は3か月に1回ぐらいの頻度でやるのがいいらしいのですが、自分のペースは変えられません。

家でもヘッドマッサージをしています。顔のマッサージはしないのに、おもしろいでしょう?

お風呂に入ったときに、頭の骨と皮膚をはがすような感じでマッサージをするんです。両手で、かなり力を入れて。最初は皮膚が頭にはりついていて動きません。それが両手で頭をつかむようにして、力を込めて頭皮を左右に動かしたり、上下に動かしたりしているうちに、だんだん動くようになってくる。頭がやわらかくなる感じがしてきます。

誰に教わったわけでもなく、独自にやっているだけなのですが、これを始めたのにはきっかけがあります。

まだ子どもたちが小さかったころ、専業主婦だった時代の話です。ママ友に誘われて、作家の五木寛之さんの講演会に行きました。どこだったかも忘れましたが、ホテルで行われる食事つきの講演会でした。なぜか私にふりあてられたのがいちばん前のテーブルで、五木さんが目の前でお話しになるわけです。

当時の五木さんは黒髪がフサフサで、長めの前髪を横に流したヘアスタイルがトレードマーク。それで「僕はね、10日間、髪を洗わないんですよ」とおっしゃった。「その代わり、これをするんです」と言って、両手で頭をつかむようにして動かして見せました。すごくよく動くんですよ。頭の皮が自在に動くように見えました。「これをすれば、髪を10日間洗わなくてもいいんです」って。はあ、そうなんだ……と私は感心して、家に帰ると自分でもすぐにやってみたわけです。

ところが、頭皮が頭の骨にはりついていて、ちっとも動きません。五木さんはあんなに自在に動いたのに。それで思いました。シャンプーするしないではなく、頭を動かすと血流がよくなるんじゃないかな、それはいいことなんじゃないかしら、と。以来ずっと、お風呂に入るたびに頭のマッサージをしているんです。もう長年やっています。

そのかいあって、だいぶ動くようになりました。おもしろいことに頭皮は左右前後にかなり動くけれど、顔の皮膚はそれに引っ張られることはありません。

頭をマッサージするといいということが、最近さかんに言われるようになりましたよね。いきいきとした美しい顔になりたいならば、顔ではなく頭のマッサージをしたほうがいい、と。

考えてみれば当たり前です。結局、全部つながっているのですから。頭も、顔も、からだの中も全部つながっている。だから外にクリームや美容液を塗ることよりも、頭をやわらかくして血行をよくしたり、腸をきれいにして、からだの中をととのえることのほうが大事。私はそう思うのです。

10年、20年、30年着られる服を買う

「お召しになっているニット、すてきですね」「すごくいい色のコートです」と着ているものをほめていただくことがあります。うれしいですが、そういうときの私の反応はいつも「あら、これ？　大昔に買ったものですよ」。

ほめていただくのが申し訳ないぐらい、私のワードローブは10年、20年、30年と長く着続けている服ばかりなのです。

あるカタログ誌で暮らしの道具を紹介するページに登場したときも、「有元さんが着ているニットについて『どこでお買いになったんですか？』と問い合わせが来ています」と編集部から連絡が来ました。かんじんの商品ではなく、私物のニットが注目されてしまいました。何を着ていたっけ……と誌面を見返すと、30年ほど前に買ったページュのセーターでした。

またあるときはほかの雑誌の読者から「きっとスタイリストさんが用意されたものだと思うけれど、有元さんが着ているシャツのメーカー名を教えてください」と、私のスタジオのアドレスにメールが来たこともあります。そのときは、20年ぐらい着続けているオフホワイトのシャツでした。

おしゃれは好きです、昔から。でも、服を買うことはあまりしません。今ある服で事足りているからだと思います。

服を選ぶポイントは、まず素材です。肌触りがよくて、品質のよいものを選ぶようにしています。ニットなら上質なカシミヤ。ウールはチクチクするので避けます。麻やシルクも好きです。コットンも上質なものは気持ちがいいです。化学繊維も今はすごくよくなっていますよね。ただし化学繊維は劣化する。何十年ももつ素材ではないです。

よいものは襟ぐりや袖ぐり、からだへのフィット感が洗練されています。何気ないところに品質のよさが出るものです。そしてアイロンをかけるときに、品質の優劣ははっきり表れます。まず、脇線が絶対にずれない。ぞんざいに作られたものはアイロンがけのときに、脇線が曲がってしまいます。

デザイン的にはできるだけシンプルなものを選びます。やはり襟ぐりや全体のシルエットが大事です。柄物やフリルは自分の雰囲気ではないし、動くときに気になる服はセレクト外です。

少々値が張っても、素材や仕立てのよい服は、やっぱり長年もってくれるものです。10年、20年、30年ざらにもつ。だから結局は高い買い物ではないと思うのです。

ちなみに襟元にタグがついていると、チクチクして私はだめ。かゆくなってしまって、いてもたってもいられなくなる。だから、どんなメーカーのものでもタグは取ってしまいます。メーカー名がわからなくなるけれど、メーカーを着るわけじゃないから構いません。

ここ数年、ファッションには思うところがあります。ファストファッションが人気で、服が消耗品になっています。買いやすい値段の新しい服をどんどん買って、どんどん捨てる。売れ残った服も大量に捨てられます。捨てる＝ゴミを出すということ。そのゴミはいったいどこへ行くのでしょう？　ヨーロッパで売れ残ったり、ゴミになった大量の服はアフリカに持っていかれるそうです。海岸の見渡す限りに捨てられた衣類の上を、現地の人が歩く様子を、テレビのドキュメンタリー番組で見たことがあります。日本はどうなのでしょう？　よその国に自国のゴミを持っていくなんて、そこまでして新しい服が必要でしょうか。

個人でこだわりの服作りをしているような日本の小さなブランドも、工場で作るからにはある程度の量を生産せねばならず、大きなゴミ袋にいくつもの売れ残り品を処分していると聞いて胸が痛みました。

そうやって、新しい商品を過剰に作り続けないといけない状況は、やはり何かがおかしいです。なんとかしなきゃいけないのは私たち、いや、私自身です。

地球温暖化が深刻で、たとえば北の海で昆布が採れなくなっています。だしを引く昆布が採れなくなったら、日本の料理はどうなってしまうのか心配です。温暖化を少しでも食い止めるために、私たちができるのはゴミをなるべく出さないことです。そうした意味でも、「20年、30年着られる服かどうか」を考えて服を買うことが、これからますます大事だと思います。

娘たちによると、私は昔からよくこんなふうに言っていたそうです。

「あなたが買うものはあなた自身」

「あなたが食べるものはあなた自身」

この言葉について、「ちゃんと食べてる?」のブログ(https://chantotabeteru.com)に娘が書いていました。

〝買い物にはとにかく慎重な母を見続けていますが、若いころはあまりわかっていなかったこの言葉の意味が、今ではよくわかるようになりました。お金の使い方でその人の為人《ひととなり》が怖いくらいに見えてしまうこと。そして、自分の買うモノには最後まで責任を持つ、ということも大切なんですよね〟

着るものに限らず道具でもなんでも、大切に長く使って、ほころびを直したり欠けを直したりしながら、最後まで使いきる。自分自身も精いっぱい使いきって終わりたい。これが私の望みです。

仕事の邪魔にならない服を着る

本当に毎日同じようなものを着ています。Tシャツとパンツです。Tシャツというと普通はコットンかもしれませんが、冬場に私がよく着ているのはカシミヤのTシャツです。素肌に着るので、肌触りのよい薄手のカシミヤがいいのです。カシミヤは通気性にも保温性にも優れた素材で気持ちがいいし、冬も室内で立ち働くならこれ1枚で寒くありません。

スポンとかぶれる程度の首の開きで、袖もどこもからだにぴったりしている細身のシルエット。丈も短すぎず長すぎず。そういうシルエットのTシャツが定番です。

いいものがあれば市販品を買います。毎日着ますから、同じ形を白、黒、ネイビーなどの色違いで買い求めます。でも何年後かに同じものを買おうとして店へ行っても、デザインの傾向が変わっていることが結構あって。なので今着ているのは、7〜8年前にイタリアで買ったもの。

私の住んでいる地方はカシミヤの有名な産地なので、小さな町でも1軒はカシミヤ屋さんがあって、オーダーメイドができるのです。私はあちらで作るときも「Tシャツみたいに着たいから、ぴったり作ってね」と念を押して採寸してもらって、からだにぴったりのものを作ります。袖が長すぎたり、太すぎたりしても困るのです。料理をするときに邪魔になりますから。

そう、私の着るものはユニフォーム。エプロンをすることが前提なんです。

カシミアのTシャツに細身のパンツ。足元はスニーカー。このスタイルにエプロンをキュッと締めるのが、私の定番スタイルです。

袖がふわっとしていたり、ひらひらしていて袖口が開いていると、料理している最中に汚れるでしょう？　汚れるのを気にしながらでは、料理に集中できません。だから袖口も腕もぴったりとしているTシャツを着て、その上に汚れや水をはじくナイロン製（こればかりは化学繊維がいいのです）のアームカバーをつけます。

台所仕事のときにアームカバーをつける人はあまりいないのでしょうか。私には必需品です。一度使ってみればよさがわかります。水をはじく素材のアームカバーをつけていれば、袖口が濡れる心配がなく、思いきって水仕事ができるので、長袖を着る冬場はとくに欠かせません。

もちろんエプロンもすごく大事。エプロンは私のユニフォームですから、以前から好みのシルエットのものをリネンや水を弾く素材で作ってきました。自分たちで使うだけでなく、同素材同色のアームカバーとセットで欲しい方に販売もしてきました。

その理想形と言えるのが、1年ほど前に完成した「はたらくエプロン」です。

重視したのは素材選びです。水や汚れをはじく素材で、薄すぎず厚すぎず、さらりとして着け心地のよいものを探しに探しました。結果、国産のとてもよい素材と出合えました。エプロンのデザインは以前からのものと同様、よけいな飾りのないシンプルな形で、服のときよりもエプロンをつけたほうがすっきりとスタイルよく見えます。

「はたらくエプロン」がうちのこれまでのエプロンと違うのは、着けるとお尻をすっぽり隠してくれること。たとえばレギンスのようなものをはいていても、エプロンさえ着けていれば宅配便の荷物を受け取るのもＯＫ。大きなアウトポケットがあり、ヒモをほどけばスッと脱げるスムーズさもあります。

思いっきり台所仕事、水仕事をするための「はたらくエプロン」。こんな名前をつけたので、台所で働かない人には不要なエプロンです。

服のことに話を戻せば、私はスカートも好きですよ。好きだけれど仕事中は邪魔になる。スカートでは、床に這いつくばって拭き掃除ができないのです。外出用のワンピースも持っています。めったにないですけれど、夜にレストランに行くときは、お腹を締めつけないワンピースを着ます。細身のパンツでキュッとお腹を締めつけていては、食事を楽しめないですから。

これが私のファッションのＴＰＯ。人の目じゃなくて、あくまでも自分の過ごしやすさが基準です。

足元は堅実なおしゃれを

身につけるものや、肌に直接触れるものには、見た目よりもとにかく心地よさを求めます。髪留めのようなものなら使い心地がよいこと。衣類なら、からだへのフィット感や肌ざわりがいいこと。

難しいのは靴です。外反母趾気味なので私はもともとはけるものが限られていますし、足を骨折してからはさらに選択肢が少なくなりました。昔はヒールのある靴もはいていましたが、今はほとんどはかなくなりました。ふだんはくのはスニーカーが多いです。夏場は適当ですが、涼しくなればスニーカーはBrunello Cucinelli（ブルネロクチネリ）がいちばん私の足にフィットします。イタリアの家から、ショップも併設されているB.Cの会社が近いのも助かっています。

スカートやワンピースを着るときは……ワンピースでスニーカーをはくスタイルもかっ

こいいけれど、そうもいかないシチュエーションもあります。めったに行かないけれど、たまにお付き合いのある企業のパーティにお呼ばれしたりもして。そういうときにはヒールの靴もはきますが、長時間だとつらくなる。ヒールって、不自然と言えば不自然なはき物です。からだに負担をかけるだけなんですものね。

ものすごく昔にロンドンで買ったSergio Rossi（セルジオ・ロッシ）の黒いエナメルのサンダルがあって、少しヒールがあるのですが、これは不思議と足が痛くないのです。シンプルなデザインで、細いエナメルなのでエレガンスさもあり、ワンピースを着るときにそのサンダルをはくこともあります。薄手の黒いストッキングをはいて。

ストッキングこそ、いいものがいいです。私はWolford（ウォルフォード）に決めています。

ウォルフォードはオーストリアのメーカーですが、一度はいたら、もう、ほかのメーカーのものははけません。そのぐらい気持ちがいい。今は日本でも買えますし、ネットでも販売されていますが、私は昔からロンドンの同じ店で買っています。そこで何箱もまとめ買いをします。ストッキングやタイツは消耗品なので数が必要です。

カッティングがいいのか、素材がいいのか、ほかのものとは別格のはき心地の良さで、それに加えて厚さも色もバリエーション豊かです。黒ひとつとっても感じの違う色が何色もあり、私が好きなのはニアリーブラックという、ちょっと墨っぽいニュアンスの黒。ネイビーもすごくきれいだし、肌色に近い透明感のある色もすてきです。春先の、まだうすら寒いけれどタイツは嫌だわ、っていう季節にはくのにちょうどいい厚さのものとか、とにかくいろいろな種類があるのです。

ストッキングやタイツは試着ができないし、サンプルを見ただけではわからないので、気になるものをひとつ買ってみて、はいてみた結果で「私はこれが好き」と品番が決まる感じです。日本のメーカーのようにすぐに廃番にしないのも、ヨーロッパの老舗メーカーのいいところ。同じものがいつでも、何年たっても買えます。

値段は高いです。でも、「いいものは長持ちする」の法則で、ものによってはすごく長持ちします。タイツなら10年単位ではけるかもしれず、結局は経済的なのではないかと思います。

よく眠れる環境を作る

睡眠時間は7時間ぐらいです。その日のうちに寝るようにしています。日付けを超えてしまうと、私にとってはよくないみたいです。日をまたいで寝ると翌日はすっきりしません。

NHKのEテレの「Eテレ2355」という番組をご存じでしょうか？　23時55分から5分間だけやっている番組です。歌だったり、ちょっとした実験だったり、内容はその日によってまちまちですが、なかなかおもしろいのです。ふわんと頭が休まるような、おやすみ前のリラックスタイムにちょうどいい内容をやっています。遅くまで起きていた日も、これが始まると「あと5分で明日になっちゃう」と思って、番組が終わったらすぐに寝るようにしています。

寝室は、天井まで壁一面の本棚とベッド、それしかない部屋です。ベッドは昔から使っている木枠のセミダブルのベッドです。ベッドの木枠のこげ茶に合わせて、寝室のカーペットもこげ茶色。布団や枕は白で統一しています。だから、寝室はこげ茶と白だけの世界です。

照明は、調光できるダウンライトですが、私は真っ暗にしないと眠れないたち。ですから寝室に入ると明かりもつけずに、真っ暗な状態ですぐに寝てしまいます。ベッドで本を読んだりはしないから、ベッドサイドにライトも置いていません。

ごくたまにですが、寝つきが悪いときもあります。そういうときには小さな音でCDを1枚かけます。クララ・ハスキルのピアノコンチェルトなど、古い時代の録音が少しくぐもっていて耳に心地よく、不思議とよく眠れる曲があって、最後まで聞いたことがないぐらいです。

目ざまし時計は置いておらず、iPhoneのアラームを7時にセットしていますが、アラーム音が鳴る5分前にいつも自然に目が覚めて、アラームが鳴らないようにします。夜中はたいてい一度も目がさめることはなく、朝までぐっすりです。夜中に起きると心身がちゃんと休まらないと思うので、寝る前にパソコンやスマホを見ることは避けて、なるべく脳に刺激を与えないようにしています。

ぐっすり眠って目がさめたら、すぐにパカっと起きて動き出します。布団の中にずっといられないんです。目がさめると同時に立ち上がって、動き出している。からだが自然にそれをやってしまうので、自分では「またやっちゃった」みたいな気持ちになります。もう少し布団の中で静かにしていればいいのに、って。

そして恥ずかしいんですけれど、起きたときには大変なことになっているんです、寝床が。眠っている間によく動くらしくて、枕がどこかに飛んでいたり、布団が逆さまになっていたり。子どもはそうだといいますよね。眠っている間に動いてからだを調整しているから、動くのはいいんだと聞きますけれど……自分ではわかりません。自然にそうなっちゃう、というだけで。

だから、起きてすぐにするのは簡単なベッドメイキング。枕をパンパンとたたいてふくらませて、布団をととのえて。これをすることから一日が始まります。

野菜をいろいろ入れて、水からコトコト煮出した野菜スープ。これだけを夕食にする日も。

もち麦はおすすめ。ゆでて、冷蔵庫に入れておけば、数日間はいつでもすぐに食べられます。

いろいろな食べ方ができるもち麦。トマトと一緒にスープでさっと煮れば、満足感のある一食に。

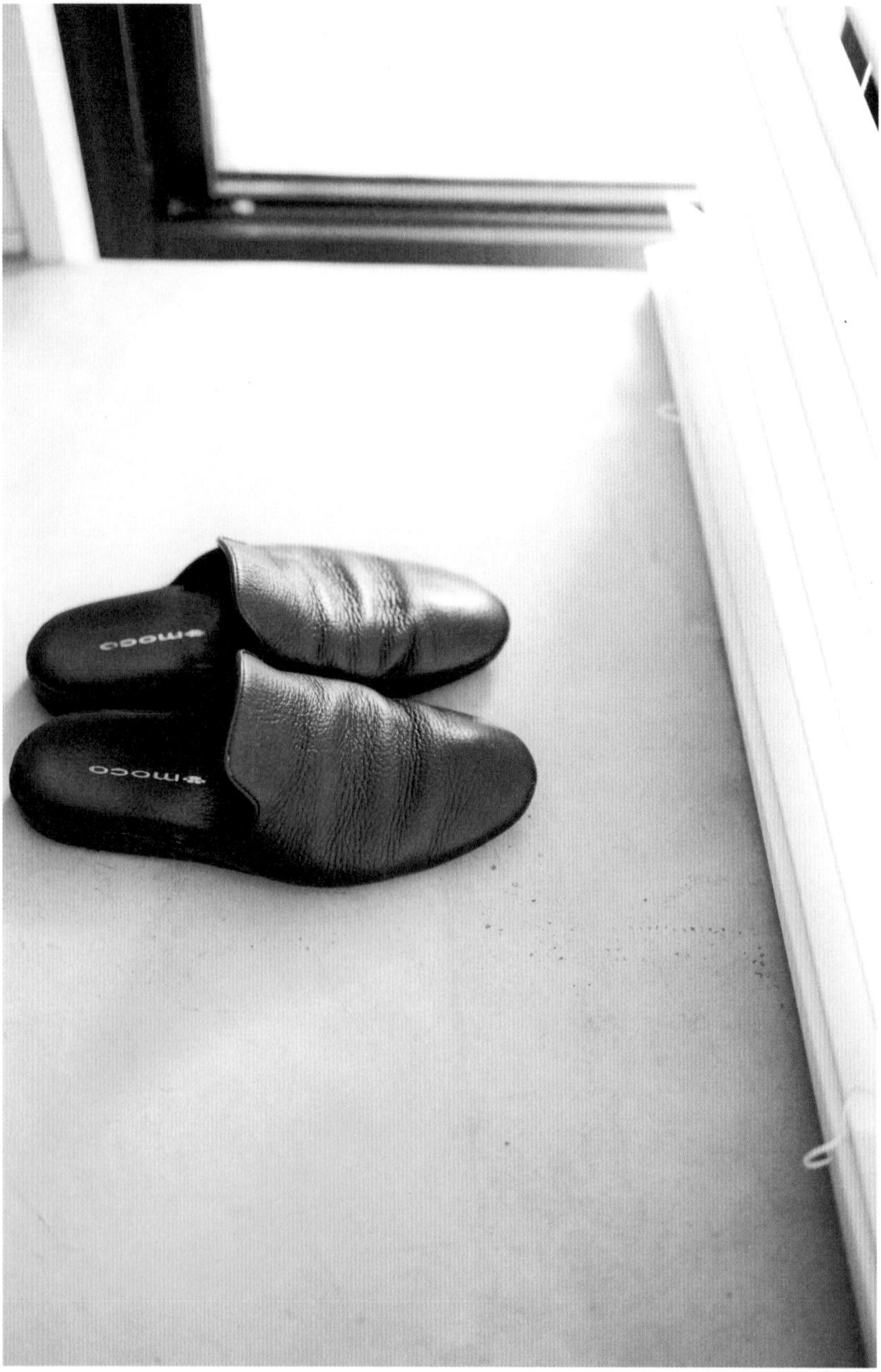

室内ばきははき心地が大事。国内でていねいに作られるSANAX社のmocoというタイプを愛用。

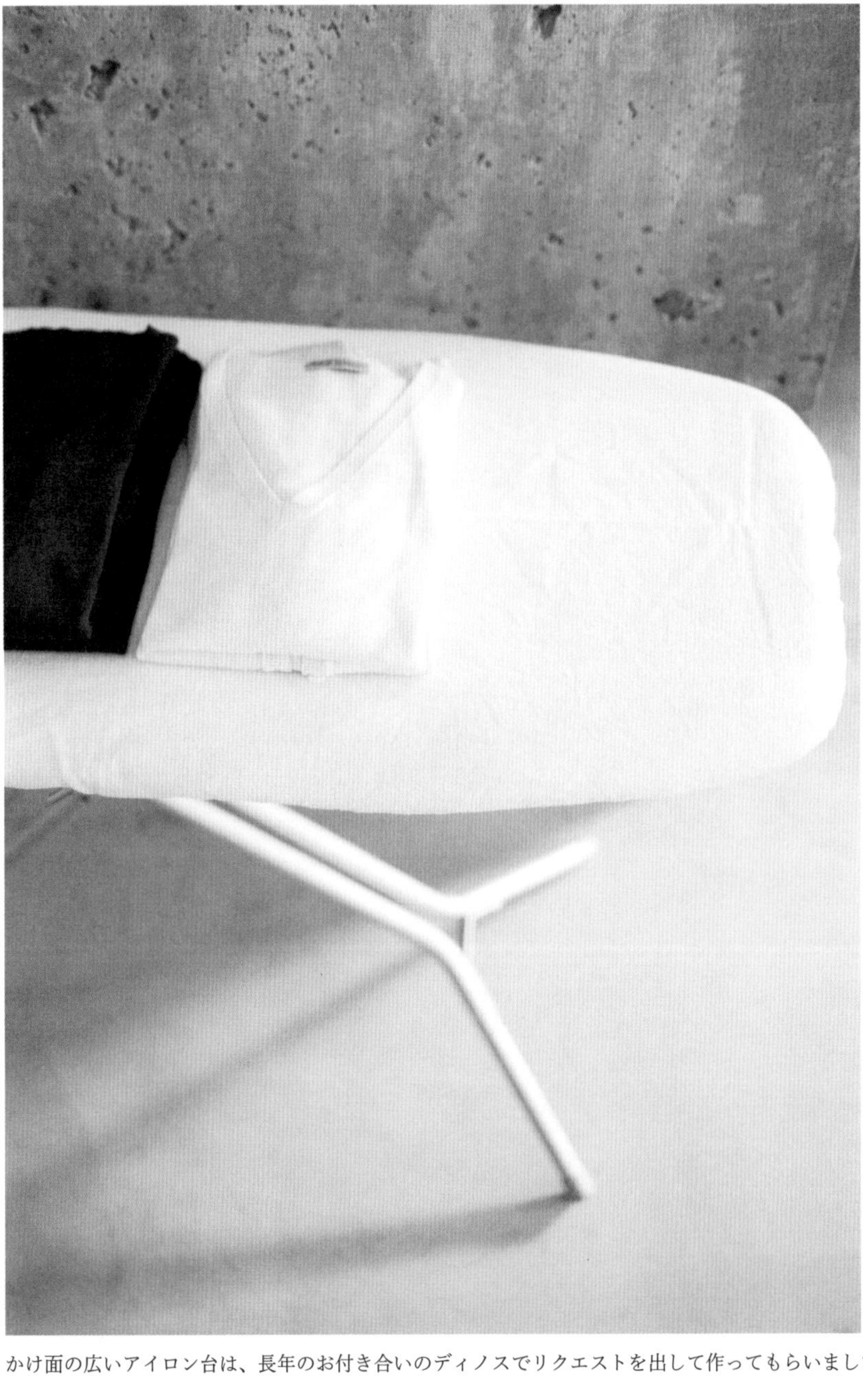

かけ面の広いアイロン台は、長年のお付き合いのディノスでリクエストを出して作ってもらいました。

はたらくエプロン＋20年もののコットンTシャツ。「動くときに邪魔にならない」が私のスタイル。

髪をガシッとまとめられて、後れ毛が出ない「アレクサンドル」の髪留めに決めています。

自宅で使うふきんはヨーロッパの大判のリネン。ライニングをつけたふたつきのかごに入れて。

30年ほど前にパリで買ったカシミヤのカーディガン。ヨレヨレですが、着ているとほめられます。

3
住まいのこと

とにかく「動きやすい」台所であること

家のごはんは、人と人とをつなぐもの。たとえ親子げんかをしたとしても、食卓について、炊きたてのご飯と温かいみそ汁を口に運んでいるうちに、いつの間にか険悪なムードが消えていく。ゆでたてのスパゲティを「熱いわよ」と言いながら一緒に食べているうちに、いつもの時間が戻っている。〝うちのごはん〟には、そういう力があると思います。

自分の心身をととのえるのも、家族の心身をととのえるのも、ふだんの食事です。

ふだんの食事を「ちゃんと作る」には、台所が「ちゃんと片づいている」ことが必須、私はそう思います。台所が散らかっていたり、清潔に保たれていないと、ちゃんとした料理は作れないと思う。料理と、掃除や片づけはつながっています。世間で言われるような「あの店は厨房は汚いけれど、料理は絶品」なんていうことは、きっとないと思います。

イギリスにしばらくいたころ、好きだったテレビ番組があります。客が減って立ち行かなくなったレストランを某スターシェフが立ち直らせる、という番組です。落ち込んだレストランはどの店も衛生状態が悪く、キッチン内は乱雑きわまりない状態です。従業員はまったくやる気なしです。そのスターシェフは、まずキッチンの清掃から手をつけます。まずは掃除、整理整頓を指導します。第一にクリーンできちんとしたキッチンが、魅力的な活気あるレストランにする第一歩なのです。この番組を、私たちの家庭も同じだなあ、と思いながら欠かさずに見ていました。

都内某所に気に入っている小さな町の中華料理屋さんがあります。本当に小さな店で、カウンターの向こうの厨房もすごく狭いのですが、そこで店の3人が流れるように立ち働く様子を見るのが興味深くて。ジャージャーと勢いよく炒めたり、お皿にサッと盛って出したり、スピーディーに洗い物をする彼らの姿を見ていると、おもしろいというか、実に気持ちがいいのです。

勢いよく動けるのは、そこによけいなものがないからです。狭い厨房によけいなものを置いていたら、スムーズに仕事ができず、ペースダウンしてしまいます。その点、このお店の厨房には「使うものだけ」が「使う数だけ」あって、それが「使う場所」に置かれている。だから狭い厨房で、３人が流れるように動けるのです。

ちゃんと片づいている台所とは、よけいなものを置いていない働きやすい台所です。雑誌に出てくるような、かっこいいばかりの台所が、ふだんちゃんと片づいて楽しく働ける場所になっているかというと、そういうことでもないのです。

要は、人が動きやすいかどうか。効率のよい動線が作れているかどうか。見た目の美しさではなく、目指すべきは「動きやすい」台所です。働きやすさの感覚は人によって違うものです。自分にとってどうなのかは人それぞれです。「どう？　動きやすい？」と自分に聞いてみるといいです。

調理中に何をどこに置くか

インスタライブやYouTubeで、料理の作り方を紹介しています。どれもリハーサルや台本はなく、ぶっつけ本番で、いつもやっているままに料理を作る姿を映していただいています。

YouTubeで自分が出ている「うち風玉子焼き」を紹介する動画（「有元葉子さんの『いま、この季節だけのわたしの楽しみ』」Vol.20）を見たとき、「あら、私はこんなことまで話している」と自分でおかしくなりました。卵液の入ったボウルはこちら、油はあちら側に置いて、箸やヘラはすぐ手が届くようにここに置いて……と道具の配置について詳しく説明しているのです。

卵焼きの作り方だけを紹介すればいいのに、という見方もできますが……でも、実はこれはとても大事なこと。レシピ本などには書かれていない料理のコツです。材料や道具をはじめにちゃんと揃えて、すぐに手に取れる場所に置いておくことが、料理のできばえを左右するのです。

足りないものがあって途中で取りに行ったりすると、料理は失敗します。鍋つかみを取りに行っている間に鍋の中の料理が焦げてしまったり、ということは結構あるものです。一気に作り上げる卵焼きのような料理はとくに、必要なものを最初から揃えておくことが基本中の基本です。ほかの料理も頭の中でプロセスを追って、まずはこれとこれ、次にこれとこれ……というふうに、私は事前に材料や道具を用意しておきます。

前の項に書いた中華料理屋さんも、材料や道具の配置がちゃんと決まっているので、それで流れるように作業ができている。店の厨房でも、家庭の台所でも、やることは同じです。

しかし、どうでしょう？　調理中に使うものを置いておく空間がない、という家も多いのではないでしょうか。調理台がキッチンの雑多なものの置き場所になっていて、いざ料理をするときに、切った野菜を並べておくバットが置けなかったりする……。

私がいつも言うことですが、台所は「台」がある所なのです。調理をする「台」が、台所の中心です。とにかく台があれば、なんとか料理ができます。たとえ道路上でも森の中でも、どこででも。ロケで沖縄の通行量の多い道路上や洞窟で料理をしたこともあり、台のない場所での料理がいかにやりづらいか、経験済みだからわかります。ひざの上に板を置いて台にして料理する……これはイギリスの料理家ジェイミー・オリヴァーのスタイルです。

台は広いに越したことはないので、調理台の上が物置き場になっているとしたら、それを片づけて少しでも広い台を確保しましょう。

料理するときに初めて、台の上にボウルやバットやまな板が登場し、料理が終わったら道具たちにはすみやかに退場していただく。何もなくなった調理台をきれいに拭き上げておしまい、と、こんなふうに毎日したいものです。

私は台所の床も、その日の仕事の終わりに拭きます。モップで拭くこともあれば、雑巾がけをすることもあります。雑巾がけをするとさっぱりとして気持ちがよく、台所だけではすまなくなって、そのまま床つながりで居間のほうまで拭くことになるのだけれど……。雑巾がけはからだを使うので、エクササイズになるからいいか、って。こんなふうに台所を快適に使うことは、私にとって、生きること、暮らすことの最重要項目です。

与えられた場所で精いっぱいに暮らす

どんな場所に住みたいとか、老後は田舎暮らしをしたいとか、住むところについて思いをめぐらせたり、夢を持つのは楽しいですよね。ところが私自身は、旅の途中で恋するように風土に惹《ひ》かれてしまったイタリアの家はさておき、日本ではたまたま縁があった土地や町で暮らしてきました。こちらから選んだわけではなく、しょうがなくてそこに住むという状況も中にはありました。成り行きに従ったことが多かったです。

どんな土地やどんな家で暮らすことになっても、そのときに与えられた住環境を、自分にとってベストの状態で使うことを心がけてきました。狭い家も、ものすごく広い家も、人生においてどちらも経験しましたが、狭いなら狭いなりに、広いなら広いなりに、そのときに自分ができるベストな暮らし方をしてきたつもりです。

だって、不平不満は何の足しにもならないでしょう？　それよりも、与えられた場所を、精いっぱいすてきにしつらえる。収納スペースと収めるものとのバランスを見て、ものを整理し、戸棚の中に使いやすく収納して、すっきりと暮らす。狭い家でも広い家でも、そうやって、自分のできる限りの知恵を使いきって、住まいを快適にしてきました。

お金がいくらかかってもいい、という状況で住まい作りをするのと、これだけしかない、という制約の中で住まいを快適にととのえるのとでは、できることがまったく違います。でも、限られた条件の中でどれだけできるかという工夫（挑戦かな？）をするのが、私は嫌いじゃない。むしろそれをしてきたことが、とてもいい経験になっていると思います。

さらに言えば、狭い賃貸マンションでも、自分なりに精いっぱいすてきに快適に暮らしていれば、必ず次があるのです。自分なりの「次」、つまり、もうひとつ上の望む環境に進める……。そんなことも実感しています。

人生にはいろいろなときがあります。まして社会の変化が激しく、自然環境も変わっていく現代では、誰もがずっと同じ環境で暮らせるとは限りません。でも、それでも、どんな環境になっても、その場所で自分ができる精いっぱいをやっていればいい。暮らしにしろ、仕事にしろ、精いっぱいやるだけです。それしかないと思うのです。

たとえばかごに収納してみる

「目が愉《たの》しい」っていうことを、私はとても大事にしています。楽をすることがいいとは思わないので、「楽しい」ではなく「愉しい」です。すごく集中して大根をきれいな細いせん切りにすると、目が愉しい。ベランダのフェンネルが花を咲かせれば、目が愉しい。

家の中もそうで、目が愉しい空間で暮らしたい。

目に入るものを天然素材のものだけにすると、私の目は愉しいようです。きっと、同じように感じる人は多いと思います。人間は動物で、自然の一部ですから、天然素材のものはやはり目が落ち着くし、触ったときにも気持ちがいいですから。

たとえば、かご。昔からかごが好きで、自宅にもスタジオにも数えきれないほどのかごがあります。50年以上前に買った飛騨の藤つるの手さげかご、40年ほど前に買ったイタリア・サルデーニャのかごトレイ、水草で編んだイギリスのかご、柳で編んだフランスのかご、ベトナムやインドネシアを旅するたびに持ち帰ったアジアのかご……。戸隠の根曲がり竹のかごをはじめ、稲や野の草、あけびや山ぶどうなど日本の山野で採れる植物のかごも大好き。

ものを集めて眺めるだけの趣味は私にはなくて、かごにも大いに働いてもらいます。

普通ならキッチンの吊り戸棚がある場所に板を取り付けてオープンの棚にするアイデアは、イタリアの家のリフォーム時に「こうするといいよ」とイタリア人の建築家から提案されました。イタリアの台所では、ぶどう摘み用の持ち手の短いかごを多用しています。日本でもこのスタイルを採用し、木の棚にさまざまなかごを置いて、ミトン、ふきん、ごみ受けネットなどのこまごまとしたものを収納。目の高さよりも上にかごが置いてあるので中のものが外から見えず、かごの風合いや編み地のおもしろさだけが目に入るわけです。

この棚、奥行きにも工夫があります。実は目線に近い高さの棚は奥行きを浅くしていて、それより高い位置の棚は奥行きを少し深くしています。ぱっと見た目にはわかりませんが、段によって奥行きが違うのです。こうすることで上段には大きめのかごを置けるし、下段は浅い棚なので、圧迫感が出ません。

ちなみに93ページの写真が、奥行きの違う棚の様子を写したものです。かごと一緒に桶（上段手前）がのっかっていますが、これは食器や野菜を洗うときに使っています。ずいぶん昔に京都のたる源で買ったもので、以前はお風呂で使っていましたが、今の家のお風呂では風呂桶が必要ないので、台所で使うことに。経年劣化で木の間がすいてきたので、そろそろ、たる源さんへ直しに出そうと思っています。かごもそうですが、木や陶器でできた道具は直しながら長く使えるのもすばらしいところです。

玄関では深さのあるイギリスの柳のかごをスリッパ入れに。居間では稲わらで作られた浅いかごに、リモコンをまとめています。収納に使う以外にも、しっかり編まれたかごは、大切な古い器や型崩れが心配なお菓子やパンを運ぶのに最適です。ベランダへハーブやラズベリーを摘みに行くときは、網目の詰んだ小さな手つきかごとキッチンばさみを持って行きます。かごを使わないときは、ただ置いたり吊るしたりしてあるだけでも、目が愉しい。使うほどに風合いがよくなっていくのも、天然素材のうれしいところです。

「神社みたいな家ね」って言われました

好きなものがいろいろ置かれていて、ものに囲まれているようなインテリアも、すてきだなと思うんです。散らかっているようでいて、かっこいい家ってありますよね。でも私にはそれはできない。きれいなものやかわいいもの、あるいは骨董でも、ものが家の中にあれこれ飾られている景色を、自分の目が喜ばないからです。

「目が愉しい」のは私の場合、ものがなるべく目に入らない状態です。だから生活の道具はできるだけ戸棚の中に収めて、使うとき以外は、外に何も出ていない状態にしています。台所も、居間も、玄関もそうです。

「目が愉しい」のは私の場合、色のない色のトーンです。白やエクリュ（生成りや麻の色）の無彩色の部屋が居心地よく感じます。ソファも、ラグも、クッションも、ブラインドも、造り付けの戸棚も、白からエクリュのトーンにしています。カラフルでないからこそ、微妙な色の違いが豊かに感じられ、陰影が美しいです。

「目が愉しい」のは私の場合、自然のテクスチュアです。ダイニングテーブルは無垢のけやきの木。キッチンカウンターも無垢のオークの板。植物で編んだかごにはこまごました生活雑貨を収納して、なるべくかごの風合いが目に入るようにしています。

もちろん植物を見ると「目が愉しい」です。秋になると葉の落ちたつる系の枝木を採ってきて、くるんと丸めてリースを作り、部屋の中に飾ったりもします。ベランダのテッセンも枯れたらリースにします。テッセンの茎は名前の通り、本当に鉄の線みたい。おもしろいな、きれいだなと。咲き誇る花だけが美しいわけではないことに気づかされます。

ところがある日。1年後か2年後かわかりませんが、ある日ふと、なんにもない状態にしたいモードに入って、リースなどの飾り物も何もかも処分してしまうのです。ある程度愉しませてもらったら、ほこりも気になりますし、いったん何もなくしてしまいたくなる。そのほうが「目が愉しい」ときがある。

飾っているものだけでなく、あまり使わない鍋や、器や、家具まで、いったん「いらないかしら」という気持ちになると、どんどんなくてもいいいと思えてきます。それで、欲しいと言ってくださる方に差し上げたりします。ものを持つのが嫌になるモードに突入してしまう。ちょうど今がそうで、だから最近のわが家には本当になーんにもないです。

留守どきにベランダの草花の水やりに来てくれた娘いわく、「ママの家、神社みたい」。神社みたいな家って寂しい感じがしますか？　逆に私は散らかっていたり、ほこりがたまっているほうが寂しく見える。「目が愉しい」は、「心が鎮《しず》まる」に通ずる感覚なのかもしれません。

5分あれば片づけを

戸棚の中は、こまめに片づけています。一度、ものの置き場所を決めたら、「これで決定！」ということはほとんどありません。「向きがこっちのほうが取りやすい」とか、「収まりが悪いから戸棚の位置を変えよう」とか、自分の生活スタイルは変わっていくので、それに合わせてマイナーチェンジがひんぱんに必要です。

それに、収納できる場所は限られているのだから、できるだけものを持たないようにしたいのに、どういうわけかものは自然にたまっていきます。

使いにくさを感じたり、戸棚の中がごちゃごちゃになってきて、気持ちが悪いと感じたときは、「片づけどき」です。

コロナ禍においては、みなさんそうだったと思いますが、私も人と会わないように仕事をセーブし、外出も控え、ひたすら家の中で過ごしていました。そんなときに、まずするのは片づけです。冷蔵庫の中、パントリーの棚の中のストック食品、鍋類が入っている戸棚、文房具などが入っている居間の引き出しの中、クローゼット……日ごろ、気になっていたところを徹底的に片づけました。

「もう、全部片づけた。やるところがないわ」という段になってようやく、凝った料理を作ってみようという気になって、久しぶりに正統的な折り込みパイを作りました。

そんなふうに、時間があれば、まずしたいのが片づけなのです。とはいえ、コロナ禍のように片づけに集中する時間をとれることはなかなかありません。なのでふだんは、5分あれば片づけをする。

引き出しを開けて「乱雑になっているから、片づけなくちゃ」と気がついて、でもあと5分で家を出なければならないとき。私はその5分の中でできる片づけをする。途中まででいいと思うのです、続きはまた次の5分があったときにやろうね、っていう感じです。

気づいたときが片づけどき。あとまわしにすると忘れてしまう。あとまわしにして、ごちゃごちゃをためこんでしまうと、片づけが大変になります。宿題と同じ。ためこまないで「気づいたときに少しずつ」がおすすめです。

家の中の景色を変える

建築やインテリアが昔から好きで、部屋の模様替えも思いたったらすぐにします。毎日同じところで暮らしていると「こうだったらいいかもね」ということが自然に見えてくるのです。

ひとりでテーブルを動かすことなど簡単。古い毛布を下に敷いて少し持ち上げ、重心を1点にすれば、重い家具もひとりで移動できます。子育てをしていたころからこういうことは当たり前のようにしていて、当時は壁紙も自分で貼っていたぐらいなので、模様替えは楽しみのひとつです。

ですから半年ぶり1年ぶりに、わが家へいらした方からは「あら、また様子が変わりましたね」と言われます。

この1年ぐらいのわが家の大きな変化といえば——。

ベランダ側に置いていたダイニングテーブルを居間の奥側へ移動し、テーブルを置いていた場所に大きなソファを入れました。このソファは、ソファの中にもうひとつのベッドがしまわれているというもので、クッションの中に羽毛布団が入っています。来客用の寝具は場所をとりますが、これならふだんはたっぷりとした座り心地のよいソファとクッションですから、くつろぐのに最適です。フレックスフォルムというイタリアのメーカーのもので、少しザラッとした風合いのエクリュの側生地《がわきじ》を選びました。

ダイニングテーブル用の椅子も変わりました。以前は、紙のこよりでできた白や薄いブルーの軽やかなロイドルームチェアを使っていましたが、これらのチェアは別の場所へ移動。今はHOWE（ハウ）の椅子を使っていて、よりシンプルなインテリアになった感じです。

それから、注文していた仕事用の椅子が1年ぐらいかかって、ようやくできてきました。私はダイニングテーブルで書き仕事をするので、座ったまま移動できるキャスター付きの椅子がずっと欲しかったのです。でも、いかにも事務用の椅子然としたものを居間に置きたくはありません。フリッツ・ハンセンのショールームで好みのデザインに出合いました。

豊富な見本帳から側生地にエクリュのファブリックを選び、できあがってくるまでに約1年。待ったかいあって、座り心地も見た目もとても気に入っています。

ずっと同じだと飽きてしまうから、こんなふうに家の中の景色も変化させたいのです。家具を変えるのは大ごとですが、小さな変化でもいいと思う。たとえば居間に置いていた小さな引き出しの中身を点検すると、いらないものばかりでした。それで中身を空っぽにして、引き出しはほかの場所で使うことに。そして引き出しのあったスペースは何もない空間にする。何かを変えるとそこから新しい景色が生まれ始めます。ものをなくしたいモードの今の私は、何も置かずに「空」を愉しんでいます。

家の中の景色を変えると、気持ちもリフレッシュされます。時の流れと同じで、人は一瞬たりとも同じではないのです。自分は一瞬一瞬に変わっている。住まいという環境もずっと同じではなく、そのときどきの自分が心地よいように少しずつ変えてみる。違う景色を見ることは、停滞とは逆で、前へ進む力になってくれます。

玄関で包丁研ぎをしています

玄関は住まいの顔――というけれど。うちの玄関には何もありません。ただ白っぽい空間という感じです。

玄関を入ると、すぐに腰高の窓があり、その下には造りつけの靴入れがあったのですが、私は靴をあまり持っていませんので、入居時のリノベーションで靴入れは取り除くことに。そうしたら、下からコンクリートのベンチ型の躯体《くたい》が現れて、「あら、おもしろいから、このままでいいわ」と。床と同じホワイトベージュでベンチ部分を塗って、そのまま残すことにしました。このベンチに網目の美しいかごを置いたり、夕方になるとキャンドルを灯したりして、そのときどきで違う〝景色〟を愉しんでいます。

ところが最近は……ここが包丁研ぎの場所になっています。スウェーデン製の包丁研ぎの機械を買ったのです。一応、家庭用ではあるけれど、モーターで回転する輪のついた、プロの使うような本格的な研磨機です。

これまで包丁は普通に砥石《といし》で研いでいましたが、本数も結構あるし、根気のいる仕事でした。「それなら、うちで使っている包丁研ぎ機がおすすめ」と、ある日、友人が愛用の機械をわが家に持ってきて、レクチャーしてくれました。確かによさそうで、それと同じものを購入したのです。

かなり重いのでキャスターをつけた板の上にのせて、ふだんは人目につかないパントリーの中に置いています。使うときにスルスルとキャスターで玄関まで移動して、ベンチの上に機械をのせ、私は床に正座をして包丁を研ぎます。玄関の明るさとベンチの高さが包丁研ぎにちょうどいいので、玄関が研ぎ場になっている。

おかげで包丁がよく切れるようになりました……と言いたいところですが、うちの包丁、どれも傷だらけ。切れることは切れるんですけれど、研ぐときに刃にどうしても傷がついてしまう。難しいんです、包丁研ぎ。難しいけれど、でも、すごくおもしろい。「危ない」と思う人もいるかもしれませんが、私はこういうことに挑戦するのが好きです。いつか上手に研げる日が来るんじゃないかと思って、玄関で精進しております。

5分あればアイロンがけができる

薄手のカシミヤのTシャツが私のユニフォームみたいなもので、毎日のように着ています。「カシミヤだなんて、洗濯はどうしていますか?」と尋ねる人がありました。着るたびにクリーニングに出すわけにもいかないから、家で洗っています。洗濯機でガラガラと。カシミヤこそ家で洗ったほうがいいと思います。本当にきれいになりますから。

うちではドイツ製のドラム式の洗濯機を使っています。カシミヤのTシャツを3〜4枚ネットに入れ、洗濯機専用の洗剤を少し入れて、ウールのコースを選択するだけです。ゆっくり静かに洗うので1時間くらいかかりますけれど、カシミヤの風合いも落ちず、気持ちよく洗いあがります。

乾燥機にはかけず、厚手のタオルで水気をおさえたら、浴室にある電熱機のパイプにかけて乾かします。そしてアイロンをかける。

アイロンがけを億劫《おっくう》に思う人もいるようですね。私はアイロンをかける行為じたいは好きでもなんでもないけれど、くしゃくしゃになったものがアイロンをかけることでビシッとする、それが好きです。

きれいになったものをクローゼットの所定の場所に収めて、それを着て仕事をして、また洗ってアイロンをかけて……という「循環」ですよね。循環させることが、暮らすこと。片づけや掃除もそれをすることじたいが好きなわけじゃなくて、散らかっていたり汚れていたりするものが、片づけや掃除をすることできれいな状態になっていく、それが好き。気持ちよく循環させることが私は好きなんだと思います。つまり、暮らすことが好きなのです。

ストレスなく暮らしを循環させるためには、よい道具が必要です。洗濯機もそうですが、たとえばアイロン台も大事です。

私が使っているのは日本製で、10年以上前だったと思いますが、ディノスで既存のアイロン台を見せていただき、「気になるところがあれば改良しますので、ご意見を聞かせてください」と言ってもらう機会がありました。それで「かける面を大きくして、厚手のクッションを入れて、上布は熱に強い麻で……」とリクエストして作っていただいたものです。海外のアイロン台は大きくて扱いにくく、かといって日本製は小さすぎて、ちょうどいいものがなかったので、これは作っていただいて助かりました。アイロンがけのストレスなしです。今もディノスで販売されていると思います。

朝、出かける前にアイロン台を出して、2、3分あればカシミアのTシャツ1枚きれいにかけられます。片づけと同じで「今日は5分しかない」のなら、その5分でアイロンがけをすればいい。続きはまた、みたいな感じです。

アイロンをかけるものをため込むと、何時間もかかって大変。ですから家事は何にせよ、やるべきことをためずに、「5分」の隙間時間でアイロンをかけたり、片づけをしたりする。暮らしの「循環」は案外、そんな小さな歯車で動いているのかもしれません。

ついで掃除、おすすめです

「忙しいとやるべきことを忘れてしまいがちですが、〝やることリスト〟みたいなものを作っていますか」と聞かれたことがあります。そういったものは作ったことがありません。毎朝必ず掃除をするとか、週に1回片づけをするとか、そういう決まりもなしです。

気がついたらやる。これに尽きます。

たとえば床にゴミが見えたりすると、「掃除機をかけたほうがいいわね」と思って掃除機をかける。せっかく掃除機を出したのだからと、掃除機を持ったままダーッと部屋を移動して、あっちもこっちもついでに掃除機をかける。ついで掃除、なのです。

拭き掃除も「あ、ほこりが見えた」と気づいたら、雑巾ですぐに拭く。ついでにあちらこちらを拭く。たかが1分、2分のことです。雑巾の裏面をまだ使っていないから、ついでに拭いておこうか、っていう感じです。

玄関、洗面台の鏡、ドアノブなどは、「あ、何かついてる」と思ったらすぐに拭く。気がついたときにそのつど拭けば、あらためて「掃除の時間」を作る必要もありません。洗面台は自分が使ったら、そのつどきれいに拭きあげます。朝と夜は必ず使うから、1日2回は拭いている感じでしょうか。これは家族がいたころからの習慣です。誰かが飛ばした水しぶきがそのままだったりしても、あまり細かいことを言うのも嫌なので。だからせめて自分が使ったあとはきれいにしておこうと。1日1回か2回、自分でピシッときれいにしておけばいいでしょう、という考え方です。

住まいの洗剤は、3種類あればいいと思っています。お店には○○用と細かく分類された洗剤がたくさん並んでいますが、入っているもの（原材料）はどれもそれほど大差がないはず。汚れの質によって、その汚れに効く薬剤（洗剤）を使えばいいだけなのでは？という考えです。ですから基本の洗剤を買い、使用注意書きを見て水で希釈し、シュッシュとスプレーできる容器に入れて使っています。これなら、いろいろな洗剤のボトルを持たなくてすむので戸棚の中もすっきりします。

3種類の基本の洗剤とは、油汚れを落とすセスキ、水垢などのカルシウム系の汚れを落とすクエン酸、こびりつきをとる研磨剤（100円以下で買えるカネヨクレンザー）です。セスキは水500㎖に対して小さじ1杯程度を加えたものを、そこいらへんを拭く住まいの洗剤として使用。コンロのまわりもこれで拭きます。油汚れのひどい換気扇などはセスキの粉をそのまま振りかけてから拭くこともあります。

シンクの中はクエン酸の希釈液をかけてタワシで洗います。ちなみにフライパンのこびりつきはスチールたわしで洗い落とします。

掃除用具については、カーペットこそ掃除機ですが、それ以外の床はほうきを使っています。昔ながらの日本のほうきが好きです。ほうきはいいですよ。軽いし、手の延長として小回りが利くので、はきたいところをしっかりはける。狭い隙間のほこりやゴミをかき出すこともできるし、当たりがやわらかいので床材に傷がつきにくい。

うちではキッチン横のパントリーの奥の扉（つまり目につかない場所）がほうきの指定席。扉にマグネットをつけて、ほうきのひもを引っかけています。そのマグネットがキラキラして気になったので、黒い扉と同化するように黒い油性ペンで塗りました。

ほうきこそ、気がついたときにサッと手にとってはけるでしょう。掃除機をヨイショと出すのは面倒でも、ほうきなら気軽にサッとはいて、吊るしておしまい。ついで掃除に最適です。

掃除機は、掃除機じたいの手入れに意外に手間がかかります。掃除機の掃除のために、小さなほうきが必要で、なんだか「変？」です。つまり、掃除機はいらないっていうことかな、という思いを日々強くしております。

使い込んだ古い鉄瓶から白い湯気が細く上がっている景色が好きです。

お茶はポットや急須で淹れて飲むもの。ペットボトルから注ぐものではないと思います。

イタリアで見つけた手作りのアイアンのかごが、サブの洗いかごとしてキッチンで活躍中。

かごが好きで、住まいにもスタジオにもたくさん。キッチンではこまごまとしたものを中に収納。

信州のくるみの名産地は、江戸時代の力士「雷電」の故郷とか。それでくるみ割りにこんな意匠が。

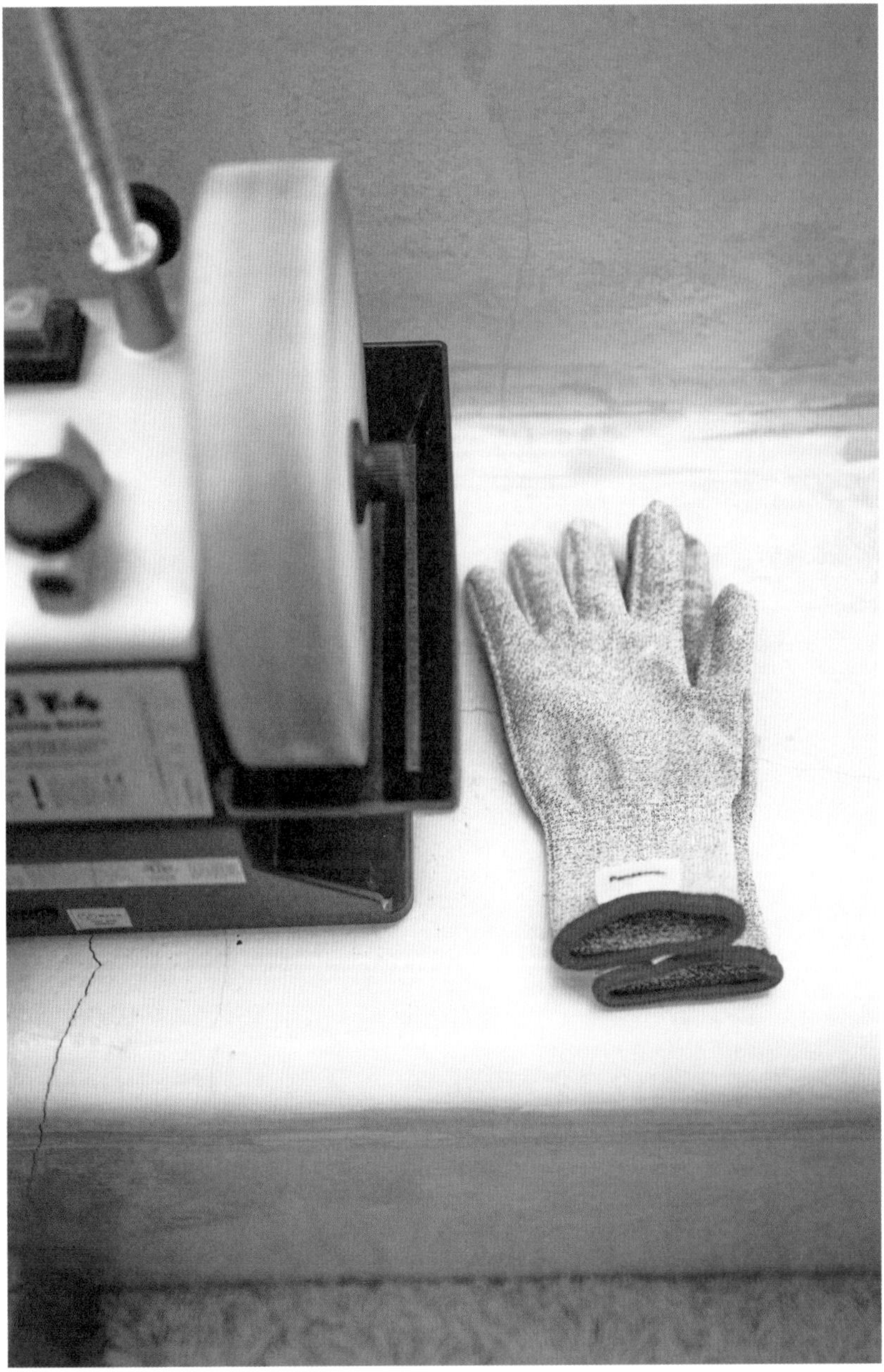

機械での包丁研ぎに夢中な私に、素手では危ないからと末娘が金属に強い手袋を見つけてくれました。

うちの玄関には何もないのです。ラグのところで靴を脱いでスリッパに履き替えていただくスタイル。

小指で持てるぐらい軽量と言われるジオ・ポンティの椅子。昔からあって、今は玄関に。

ペンダントライトはテーブルの60cm上から照らすのがいい、と聞きました。確かに落ち着きます。

書き仕事も居間のテーブルで。そのためにフリッツ・ハンセンのキャスターつきチェアを導入。

広げると2人寝られるソファベッド。クッションの中身が掛け布団というのも気に入っています。

リビングの壁の上段と下段に造り付けの戸棚を。ものが外に出ていないほうが好きです。

分けて収納。さまざまな編み方のかごを並べると"目が愉しい"。

キッチンの窓下にある腰高の棚。上段の2つのかごには、リネンとコットンのふきんを素材別に

4
仕事のこと

料理が仕事になった50代のころ

20代に雑誌の編集をしていたことがあって、その当時の知り合いから「また、仕事をしない？」と声をかけられたのは、子どもたちに手がかからなくなってきたころでした。それで、フリーランスで編集の仕事を始めたのですが……。時代のせいもあるのでしょうね、私が20代で自由に作らせてもらっていたときとはだいぶ違う、ビジネスライクな雑誌の方向性に、どうも自分には向いていないな、と感じていました。

そんなときに、ある日、お向かいの音楽家のお宅に女性誌が取材に来ました。私の友人でもある音楽家の家で撮影をしていて、わが家の器を使うことになり、スタイリストの方がうちにみえたのです。以来30年のお付き合いになる、食まわりのスタイリストの千葉美枝子さんでした。

「どうぞどうぞ、お好きなものをお持ちください」と、そのときは器をお貸しするだけでしたが、後日、今度は私のところへ集英社の『ＬＥＥ』という女性誌から、わが家の大皿・大鉢を紹介する取材依頼がきたのです。それが、この仕事の始まりでした。

最初は料理好きの主婦として、誌面に登場させていただいたのですが、これがきっかけとなり、お仕事を次々にいただくようになりました。そうすると他社の雑誌や、そのうちテレビからも仕事の依頼がくるようになり、料理の本も立て続けに出すことになって……。いつの間にか、忙しく働くようになったのです。

当時の私は50歳になるかならないかのころ。人生が１００年だとしたら、折り返し地点から、思ってもいない世界へ進むことになったわけです。

実家にいたころは母の料理を食べ、後片づけしかしていなかった私なのに、本当に人生は何があるかわかりません。逆に言えば、自分が思った通りには進まないのが人生なのだと思います。だから、ましてや子どもの人生を親が決めようとするなんて、土台無理ということですよね。

20代、ひとりで雑誌を作りました

ちょっと昔の話をしましょう。今から60年ぐらい前の話。すごくおもしろい時代があったのです。

学校を出たばかりのころ、私はある工業デザイナーの自宅兼事務所へアルバイトに行っていました。一応、秘書的な役目だったと思うのですが、仕事らしいことは何もしないで、その方の書庫で日がな一日、美術書や建築の本をめくっていました。不思議と、そういうことが許される時代だったのです。

書庫の中で、辻留《つじとめ》の辻嘉一《つじかいち》さんの『懐石傳書《かいせきでんしょ》』という全7巻のシリーズ本と出合いました。お料理の内容はもちろん、装丁から何から本としてすばらしくて、20歳そこそこの女の子が見ても刺激的です。なんてすてきな世界があるんだろうと圧倒されて。この本と出合っていなければ、今のような料理の仕事はしていなかったと思うほどです（ちなみにもちろん自分もすぐにこの本のシリーズを揃えて、今でも大切にしています）。

そうこうしているうちに、若いですから、ほかのことがしたくなりました。アルバイトは辞めて、製品から広告まで一貫したポリシーがあり、デザインに統一感があったヴァンヂャケットへ電話をかけたのです。ヴァンヂャケットは「ＶＡＮ《ヴァン》」というアイビーファッションのブランドを立ち上げて、一世を風靡した会社です。

誰かの紹介でもなく、求人広告が出ていたわけでもないのに、いきなり「そちらの会社で働いてみたい」と。もちろん、なぜ働いてみたいかも電話口でお話ししました。そのとき、たまたま電話に出たのが、石津謙介《いしづけんすけ》さんの長男・祥介《しょうすけ》さんでした。祥介さんは謙介さんの後継者として「ＶＡＮ」に入り、会社の成長に貢献された方です。今でもお付き合いが続いています。しかし当時の私は電話の向こうの人物が誰であるかも知りません。話をしているうちに「それじゃ、明日から来なさい」と言われて、私はヴァンヂャケットに入社することになりました。

私には仕事のキャリアもない上に、面接も筆記試験もなしでです。それで「明日から来なさい」だなんて、本当におもしろい時代でした。その当時は社会全般に勢いがあって、私のような向こう見ずな若者も受け入れてもらえる懐の深さがありました。

石津さん率いるヴァンヂャケットは、1950年代からいち早くアメリカのカルチャーを取り入れて、1960年代にアメリカのトラディショナルスタイルであるアイビールックを流行させた会社です。ファッションだけでなく、ライフスタイル全般をおしゃれで楽しいものに底上げしようという気風があり、VANの三文字だけで最先端のおしゃれを感じさせてしまう力がありました。

社内もそれはそれはおもしろかったです。仕事が終わる時間になっても、誰も帰ろうとしない。そこからパーティが始まったり、みんなでどこかへ繰り出したり、遊びと仕事が渾然一体となっている感じでした。とにかく夢中になれることを見つけた人が勝ち、みたいな会社で、遊びからアイデアがどんどん生まれるのです。

私は千葉の実家から会社へ通いましたが、どうしても帰りが遅くなる。そうすると、携帯電話もない時代ですから、父が愛犬を連れて、駅の改札の外の暗がりに立って待っているわけです。申し訳ないと思うと同時に、なんだかなーという気持ちでした。何時に帰るかわからない末娘の私を心配してくれているのですが……社会に出たばかりで、おもしろいことや刺激のシャワーを浴びている私にとって、父が娘を案じて佇んでいるそのモノクロームの風景はいきなり現実に引き戻される感じでした。

雑誌の『MEN'S CLUB（メンズクラブ）』は1954年に別名で創刊し、1963年に今のタイトルとなった日本最古の男性ファッション誌だそうです。創刊当時からアイビーファッションを取り上げていて、ヴァンヂャケットとは強いつながりがありました。

その『MEN'S CLUB』の中で、女の子向けのファッションページを何ページか実験的に作ることになり、「やりなさい」と編集長から指名されたのが私です。雑誌の編集なんてやったことがないし、第一、ヴァンヂャケットは男性の服を作っていたのですから、いったい雑誌に何を載せたらいいのでしょう？　困っていると編集長が「そういう格好でいいんだよ」と言います。つまり、私がいつも着ているような服を紹介する、ファッションページを作れというのです。それならばできそう！　おもしろそう！

当時の『MEN'S CLUB』は婦人画報社（現・ハースト婦人画報社）から出ていたので、私はそれから毎日、出版社へ通うようになりました。私に編集のノウハウを教えながらサポートしてくれる社員がひとりついてくれて、その人とふたりで雑誌の誌面づくりの一から十まですべてをやりました。

当時はちまたに欲しいものが売っていなかったので、こういう服を紹介したいと私が思う女の子向けのジャケットやシャツを、特別に製作会社に依頼して作ってもらったりしました。雑誌用にです。今考えると贅沢な話です。

それをモデルに着せて撮影をして。スタイリストという職業がまだなかった時代ですから、コーディネイトはもちろん、靴やアクセサリーなどの小物類を集めることも編集者の仕事です。ページの構成を作り、撮影するものを集め、ロケ先を決めて撮影に立ち会い、ときには「モデルが足りないから」と被写体として駆り出されたりもして。

そのうちに、私の作っていたページが好評だから、一冊丸ごと女の子向けの雑誌を作ろうということになりました。それが『mc Sister（エムシーシスター）』です。ｍｃ＝メンズクラブ、つまりメンズクラブの妹版という意味。１９６６年創刊の10代の女の子向けのファッション誌です。私は準備号から、創刊5、6冊目までを担当しました。これも最初は助けられながらもほぼひとりで作っていたのです。

ページが埋まらなくなると、自分のために作っていたスクラップブックを、そのまま掲載したりもしました。アメリカの雑誌『Seventeen（セブンティーン）』や、ドイツのインテリア雑誌『シェネルヴォーネン』が、当時とにかくすてきだったのです。ファッションはもちろん、インテリアや小物のページもおしゃれで、好きなページを切り抜いてコラージュしたスクラップブックを何冊も作っていました。撮影の打ち合わせのときに、そのスクラップブックを「こんな感じで撮りたい」と見せたりしていたので、デザイナーが「そのまま載せたらいいよ」と。そんなこともありました。

今でも当時の『mc Sister』を記念に数冊持っています。自分であとがきも書いていたのですが、今読むと「こんなことを考えながら作っていたのね」と感慨深いです。

〈M.C シスターの皆さんなら、男性に負けず、アイビーのハートを尊重したいものですね。おしゃれだけでなくて、日頃の会話や遊びにも――。そういう意味で、たとえば、パーティの開き方、女性ドライバーへのアドバイス、女性フォーク・グループの紹介などを企画してみましたが、このようなページも、心のおしゃれのつもりで活用して下さい〉

時代を感じさせる文章ではありますが、でも、気持ちは今とあまり変わらないみたい。

食べるものも、おしゃれも、暮らすことも、全部つながっているということ。全部がつながって、その人らしさが作られる、その人の生き方ができてくる。

結婚して、子どもができて、仕事から離れました。その後は長い専業主婦の生活が続きましたが、私の中のこんな想いはずっと続いていたと思うのです。

目が喜ぶように

今さら、と言われてしまうかもしれないけれど、料理研究家という肩書きには抵抗があります。研究は……別にしていないのよね、と思うから。

私の場合、日々の台所仕事の中で「こうしたら、もっと作業がスムーズになる」とか、「こんな組み合わせもおいしいはず」と思うことがあります。材料を手にして、感触を手で味わって「やわらかいからそっと切りましょう」と下ごしらえをしたり、火加減を調節したり、使った道具の後片づけをしているときに、「こうすると、もっといいかも」というアイデアが自然にひらめく。それをひとつひとつやってみて、「うまくいった」とか「ダメだった」とか、そんなことを繰り返している日々です。だから研究しているわけではなくて、頭ではなく手が動くことをやっている。

「手が動くことをする」ということと、もうひとつ、とても大事だと思うのが「目が喜ぶ」状態を作ることです。

おいしいものって、目にも美しいのです。沸騰したお湯にほうれん草を入れると、パッと鮮やかな深緑色になって「きれい」と毎回見とれてしまいます。にんじんも、ブロッコリーも、とうもろこしもそうです。植物に火が通って「食べもの」に変わった瞬間の美しさは、料理をする人が目にすることのできる喜びです。

その美しさをなるべく損なわないように料理をすれば、おいしいものができるはず。ですから極端な話、シンクに汚れものがたまった状態を横目で見ながらでは、おいしい料理はできないと思う。鍋の中のほうれん草の美しさに気づかないかもしれないですから。

洗い物をどのタイミングでするか、切った材料をどこに置くか、お玉やヘラをどうするか、そうしたことも含めてが「料理」なんですよね。いきなりは難しいけれど、調理中もできるだけ、きれいに片づいた状態を心がけてみる。そのほうが作業がしやすいし、そのほうが目が喜びます。「目が喜ぶように」「目が愉しいように」を意識すると、料理だけでなく暮らし全体が美しく快適になります。私だけでなく、たぶんみなさんにも効き目ばっちりの魔法の呪文だと思いますよ。

１００％の力を出しきること

料理が仕事になってからは、本当にいろいろなことをやらせていただきました。始めたばかりのころはとくに、主婦だった自分にとっては未知のことばかりですから、お話をいただいたらできる限りお受けするようにしていました。

そうすると瞬く間に忙しくなって、朝４時に台所で撮影用のラム肉をじゅうじゅう焼くこともありました。「私、何やってるんだろう」と自分でもおかしくなりました。

雑誌社から依頼される企画は実にさまざまです。専門家が組み立てたダイエットの献立を、私なりにおしゃれに作ったりとか。女優の沢村貞子《さわむらさだこ》さんが書きとめていらした献立を、私が誌面で再現させていただいたりとか。大御所の料理研究家の方たちと、料理対決をするような企画もありました（撮影の翌日、体調が悪くなり、入院してしまいました）。

そういうことのひとつひとつが勉強になったし、次へつながっていったと思います。

料理の仕事でもなんでも、そのときの自分の持てる力を120%出しきってやる。出し惜しみしない。これが私の身上《しんじょう》です。商品開発の仕事でも、料理教室の仕事でも、PTAの役員の仕事もそうでしたが、お金がないならないなりに、場所が狭いなら狭いなりに、そのときどきに与えられた環境で、自分の知恵と力を120%出しきってやる。

すると、120%だったものが、結果として100%になる。120%出さないと、100%にはならないんですよね。人は誰しも、そうやって成長するのだと思います。力を出しきらないと次へは行けない。

また、自分自身もそうですが、スタッフや若い人たちには「苦手なことほどやりなさい」と言っています。苦手だなとか、嫌だなと思うことに立ち向かって、少しでも苦手でなくなればしめたもの。それだけ自分の世界が広がったということです。自分の世界が少しずつでも広がっていかないと、人生おもしろくないじゃないですか。

私の水泳もそうです。泳げないままでも問題はなかったけれど、でも少しでも泳げるようになることで、あるいは泳げるようにならなかったとしても経験してみたことで、自分の世界がほんの少し広がる。

「このままの自分でいいわ」と思っても、「このまま」ということは絶対にありえないんですよね。時間とともに人は誰しも変わっていきます。若ければ興味の矛先《ほこさき》が変わったりするし、年をとって体力や集中力が落ちれば「このままの自分」を保つどころか、衰退していくばかり。

だから、いくつになってもトライしたいと思います。そうやって自分の世界を広げて、できることを精いっぱいやって、自分を使いきりたいと思っています。

仕事のことに話をもどしますと、与えられた仕事だけをして、お給料をもらって、はい終了……ということが私にはまったく理解できません。ある仕事を与えられたら、倍ぐらいやっちゃうとか、そのぐらいしないとおもしろくはならないです。仕事はおもしろくないと続きません。おもしろくないのであれば、自分でおもしろくなるようにしなければ。

今よりもっといい方法を考えようとか、私だったらこうするとか、そういう気持ちをもってやっていると、仕事はおもしろくなっていく。なんでもそうです。私は今たまたま料理の仕事ですが、事務職でも介護職でも、スーパーのレジ係でも、きっとスタンスは同じ。やるとなったら精いっぱいの力を出しきってやります。スーパーのレジに、ものすごく仕事の早いスーパーレディ（スーパーマン？）がいたら、おもしろいですよね。販売の仕事だとしたら、売りまくってしまいますよ、というぐらいの気持ちです。

そういうスタンスでいると、世の中につまらない仕事なんてない。おもしろくなければ全力でおもしろくしようとする。そうすれば、道はおのずとひらけていきます。

家庭のごはんを底上げしたいのです

家庭を持つまで、料理をしたことはありませんでした。日々のごはんは、座っていると自然に出てくるもの。母が庭に漬物小屋をかまえて、梅干し、たくわん、ぬか漬け……ありとあらゆる漬物を作っているような人でしたので、私は食べさせてもらう専門でした。

5人きょうだいの末娘で、私は父が50代のときに生まれた子。孫のような年齢差ですから、なんだかのんびりと育てられたようです。母が築地へ買い出しに行くときは、いつも一緒に連れて行ってもらって、玉子焼き屋さんの店先で、大きな黄色い玉子焼きがたくさん焼かれる様子がおもしろくてずっと見ていました。学校から帰ると、父の晩酌のための料理を作る母のそばで、煮えたての里芋を食べさせてもらったり。私は味見係でした。

母は洋風なものはいっさい作らず、和食の家庭料理をていねいに作っていました。たっぷりの鰹節を使うだしのとり方も、残り野菜でカリッとしたかき揚げを作ることも、母がしていたのと同じことを今、私もやっています。母から教えられたわけではないけれど、台所で見てきたことや毎日食べていた味が、私のごはん作りの基本となっています。

生家がある千葉県の市川あたりでは、農家のお母さんがかごを背負って、採れたての野菜を売りに来ていました。今はそうした風景も見かけなくなりましたが、私は自分の暮らす場所でできうる限り新鮮な季節の野菜や魚を手に入れて、昔ながらの手法で作られたシンプルなしょうゆやみそなどの調味料を使って、毎日の食事を作っています。

少し昔の日本の食生活は、今よりもむしろ豊かだった側面がある気がしています。もちろん現代のほうが物質の量は多いし、選択肢も広いです。でも少し昔の家庭の食事には、昔から伝わってきた知恵がたくさんあったのです。自然の素材を大切に扱って、それをいただくことで自分たちの生命をつないできた先人の知恵を受け取り、次へつなげようという敬意があったと思います。漬け物も、みそ汁も、みんなそうです。

母の世代の人たちがしていたことを、私もやって、これからのみなさんにもお伝えしたいという想いがあります。昔を知っている人間の義務のように思っています。

うちのふだんの食事

うちの冷蔵庫の野菜室によくあるのは、小松菜です。東京下町の小松川村（現在の江戸川区の西部）が発祥の地というところも気に入っています。

小松菜はアクが少なく、ほうれん草と違って下ゆでしなくても、そのまま汁物に入れられます。しっかりとした独特の風味が好きです。クタッとしにくいのもいいところ。おひたしにしても炒め煮にしても、おいしく食べられます。秋から冬が旬で立派な株が出まわりますが、葉野菜のなくなる夏場でも小松菜は野菜売り場にたいていあります。夏の小松菜はひょろっと貧弱な姿ではありますが、食べないよりいいわね、と私は小松菜を買って帰ることが多いです。

小松菜の根元を冷水に浸けてしばらくおくと、水を吸って細胞にまで水が行き渡り、買ったときはくしゃっとしていた葉も、地面に生えていたときのようにピンピンになります。小松菜に限らず、こうして〝養生〟した野菜は、火を通したときに歯ごたえはもちろん、香りや味わいがまるで違うのです。すごくおいしくなります。

小松菜を茎と葉に分けて食べやすく切ります。鍋に太白ごま油をひいて、1㎝幅ぐらいに切った油揚げを入れ、油揚げをカリカリに炒めます。香ばしくなったら、しょうゆをジュッとたらします。油揚げがしょうゆを吸ったところで小松菜の茎を入れて炒め、続いて葉を入れて炒め合わせます。

これで、小松菜と油揚げのしょうゆ炒めのできあがり。私の大好きなおかずです。食べあきることがなく、しょっちゅう作っています。これに炊きたてのご飯と、いりこだしのみそ汁と、ぬか漬けがあれば最高の献立です。本当にこういうものばかり食べています。

ちなみにいりこだしは、1カップの水に対して5〜6本のいりこ（黒いワタを取ったもの）を浸けて冷蔵庫に一晩おくだけ。翌日、濾《こ》して使います。煮出さないので魚臭さがまったくなく、澄んだ上品なおいしさです。もちろんコクとうまみがあり、ほのかに甘みも感じられます。みそ汁はいりこだしに限ると思っています。本当におすすめです。

さらに言えば、いりこにもいろいろあるのです。おいしい煮干し（いりこ）が欲しいと念じていたら、ひょんなことから日本一おいしいいりこ屋さんと出会うことができました。私の思いが通じたのかしら？　なんともすばらしい出会い、うれしい限りです。そのいりこ屋さんは香川県の「やまくに」さん。とびきり品質のよいいりこを扱っていらっしゃいます。よい食品を売る店やネットでも購入できるようです。いりこのような、毎日食べる和食の基本中の基本の素材こそ、よいものを選びたいと思います。

そして私は小松菜と油揚げのしょうゆ炒めや、いりこだしのみそ汁のような食事を、みなさんにも作って食べていただきたいのです。少し手間はかかるかもしれませんが、難しいことは何もしていないし、特別な材料を使うわけでもありません。昔からあった材料であたりまえに作る、なんていうことのない料理を、家庭のごはんのベーシックにしてほしい。なぜなら、それがいちばんおいしいし、環境にも無理がないし、私たちの心とからだの栄養となるからです。

家のごはんがいちばんおいしい

家庭で作るごはんがいちばんおいしいです。いちばん安心で、いちばん豊かです。

お店の料理は利益を上げなければいけないですから、いろいろな工夫をしていると思います。安くて良心的な店もあります。原価を抑えるために努力をしつつ、みんなの好きな味を出しているのでしょう。しかし若い人の食欲を満たす外食は、どうしても味が濃くなり、油脂が多めでカロリーが高くなります。

おいしいことを「お店の味みたい」と表現する。これがとても気になります。料理を試食していただいて、たまに「おいしい！　お店の味みたいです」と言われたりすると、本当に落ち込みます。

「お店の味みたい」は褒め言葉でしょうか？

料理の「味つけ」は確かに大切です。でも家庭の料理では、それよりも野菜をいかに扱うかといった、下ごしらえのほうがずっと大事です。

料理を決めるのは下ごしらえです。下ごしらえがちゃんとできていれば、料理は8割ができたも同然です。そこを省かずに、時間と手をかけて作ることで、なんてことのない野菜のおひたしも格別おいしい料理になる。インスタントのだしを使わない。カットされた野菜を使わない。市販のたれやドレッシングを使わない。家のごはんこそ、自由に自分らしさを出せる場です。そういう気持ちを持つと、家のごはんは段違いのおいしさになります。しみじみと心とからだにしみるおいしさを自分で創り出していけるでしょう。

料理の仕事を通して、私がしたいのは、家庭のごはんを底上げすることです。

底上げというのは、人に見せるためのごちそうを作ることではありません。見かけは地味でも、ちゃんと下ごしらえして作った小松菜の炒め物や、いりこでとっただしのみそ汁を食べてほしいのです。地味だけれど、ホッとする味わいのふだんの食事を取り戻すことで、健康が保たれるだけでなく、私たちの暮らしがシャンとする。暮らしに筋が通る。ちゃんと作って、まずはちゃんと食べることが、ちゃんと生きることだと私は思っています。

ふだんの食事を大事にしていれば、店で魚が変わってきたのは海温が高いせいだと気づいたりして、自然環境も気にするようになります。ふだんの食事をちゃんとすることで、この国や世界のゆくえも変わってくる。よい方向へ少しでも舵《かじ》を切れれば、と願っています。

ゴミにならないものを作ること

キッチン道具のプロデュースの仕事を始めて、20年以上になります。最初にメーカーから「使う側の視点で、欲しい道具を提案してほしい」と話をいただいたとき、頭の中にいくつもの道具が浮かびました。想像するに、キッチンの道具を開発する人はふだん料理をしない方が多いのではないか、と思いたくなる、使い勝手がいまひとつの道具が世の中にあふれています。

家族の食事作りを長年してきましたし、そこに料理の仕事も加わって、私が道具に触れてきた時間は並大抵のものではないと思います。日々、道具を使っていて「ここが手に優しければいいのに」とか、「この溝に汚れがたまるのよね」とか、「もっと水切れのよい網目にできないのかな」とか思うことがたくさんありました。それを解決する道具作りを、国内の優れた技術で行える仕事ですから、やりがいがあります。

さまざまなリクエストを出して試作を繰り返し、ものづくりをしています。私は使い勝手には妥協しませんから、ひとつの道具が完成するまでに1年、2年かかることはざらです。それだけ時間をかけても、できなかったものも実はたくさんあります。

最初に誕生した製品は、ボウル、バット、まな板など。毎日何回も手に取るものから始めたのです。私たちはこの道具のシリーズに「ラバーゼ」という名前をつけました。「ラバーゼ」はイタリア語で「基本」の意味。基本の台所道具です。

世の中には安くて買いやすい台所道具もたくさんありますが、すぐに壊れてしまったり、使い勝手のよくない道具は、結局は捨てられてゴミを増やしてしまうだけ。作るからにはゴミにならない、ずっと使える道具であることが私のもの作りの大前提です。

パスタ1本をつかめるトング

ボウル、ざる、ボウルとざるのふたにもなるトレイ。自立する正方形のまな板。バット、角ざる、バットと角ざるのふたにもなるトレイ。すくいやすくて水切れのいい網じゃくし。50㎖と100㎖が計量できるお玉。しっかりすくいとれるシリコンベラ。粉がサッと出てストレスのない粉ふるい。美しくて安定感がよく、たっぷり入るステンレス製のツールスタンド。揚げ物が嫌じゃなくなる、油ハネ防止ネット付きの揚げ鍋。こびりつきにくい鉄のフライパン。手触りがよく洗い物がしたくなるへたりにくいスポンジ……。

ラバーゼのシリーズとして、現在市販されているアイテムです。これらがなかったときにはいったいどうやって料理をしていたのかしら、と思うほど、毎日フルに働いてもらっています。

現在進行形で企画している道具が常にいくつもあります。この本が出るころに販売されているはずの最新作は、トング。トングって、使いやすいものがなかったのです。既存のトングではゆでたものを引き上げるときに、熱いお湯が腕に流れてきたりします。また、鍋に残った最後の数本のパスタをつかみ取ることができない。

そこを可能にしたのが、ラバーゼのトングです。指のようになった左右の先端がガシッと噛み合って隙間ができないので、パスタの最後の1本までつかめます。また、握る部分の両端は折り曲げず、ステンレスを平らに処理してあるので、お湯が入る場所がありません。

たっぷりのほうれん草をガバッとつかむのも得意だし、やわらかいスポンジケーキをそっとつかむこともできます。お皿に盛った料理の上に針しょうがをのせるのも、このトングならできます。つまり、先の細い盛り付け箸と同じような繊細な仕事もできるわけです。2年がかりで納得のいくものができました。

個人ブランドでもの作りを始めた理由

こんなふうにものを作る仕事は、とてもおもしろく、やりがいがあります。ラバーゼの製品は、上質の製品を多くの方に使っていただけるように、価格や品質管理がコントロールされています。商品開発に携わる中で、そこからはみ出てしまうものの中にも、自分にとって必要なものがあることがわかってきました。私はこういうものが欲しいけれど、大量に作るものではないアイテムです。

もの作りをするとき、私はこのように考えます。

作る人、売る人、使った人、全員にとってよいものであること。つまり、作り手すなわち職人さんや工場の受け取る報酬が少なかったり、売る人の利益が出なかったり、使う人の満足度が低かったりするものは、よい商品とは言えないと思うのです。そのどれもが満たされて初めて、ちゃんとしたもの作りと言えると思う。

ですから、よいものを作れば、それに見合った値段がついてしかるべきだと考えます。今は服にしろ道具にしろ食べるものにしろ、安ければ安いほどいいという風潮がありますが、それは正しいことばかりではないと思っています。安いには、安いなりの理由があって、すぐに壊れたり汚れたりする。安く買って使い捨てということばかりでは、世界中にゴミが増え続ける一方で、これは自然環境がおかされる大きな原因です。

そういう観点もあって、自分が必要とするものを、作り手と話し合いながら妥協せずに作る、個人ブランドでのもの作りにも取り組んでいます。水や汚れをはじく、軽くておしゃれで働きたくなる「はたらくエプロン」、サラダや麺類を驚くほど上手に和えることができる「サラダハンド」は、よい作り手を探して、彼らととことん話し合って作り上げたYOKO ARIMOTO PRODUCTSの商品です。

私のほかにも欲しい方がいると思うので、多めに作って販売もします。素材も手間も技術も妥協しないので大量には作れず、少量ロットなのでそれなりの値段になります。でも、使ってみれば、よさがわかっていただけると思います。自分が必要とするものがあれば、そしてそれを職人さんやスタッフと一緒に作るのがおもしろいから、個人ブランドでのアイテムにも興味津々です。

料理を通して暮らしを豊かにすることの提案は、私自身の日常の延長線上のこと。そして、もの作りは自分ひとりではできず、材料屋さんや職人さんたちとのチームプレーです。みんなでひとつのところを目指してものを作ることは、私にはかけがえのない楽しい仕事です。

工場見学は大好きです。ラバーゼの工場はもちろんのこと、マイナス60℃の冷凍庫を作っている工場があると聞いて訪問し、ゲットしました。スタジオで使用していますが、マイナス60℃は別世界です。

こんなふうにものづくりや生産者さんとの交流など、頭の中にいくつかのトピックがあって、そのどれかに関係しそうな人や場所や技術がありそうだと感じると、現場まで飛んでいくのが楽しいのです。

プランはたくさんあります。尽きることがありません。

5
子どもと過ごした時間のこと

とにかくしっかりごはんを食べさせました

娘が3人おりますので、「子育て中はどんなことを考えていましたか？」と育ち盛りの子どもを持つお母さんによく質問されます。はるか昔のことなので、どうだったかしら……と、しばし考えてしまいますが、

「ごはんを食べさせていただけです」と。

このこたえ、相手を少し困らせてしまうかもしれませんね。でも自分の中から、自然に出てきた言葉です。相手はたいてい続けて尋ねます。

「一所懸命ごはんを作って食べさせていれば、それだけでいいということでしょうか？」

「いや、そういうことも考えてはいませんでした」

これも本当のこと。当時の私は必死だったのです。

「とにかく毎日、ごはんをちゃんと食べさせる。それだけです。私にはほかに何もできない、っていうことが、子どもたちと過ごす時間の中でよくわかりましたから」

子育てって、なんでしょう？　「子育て」とよく言うけれど、私にはそもそも「育てる」という意識はなかった気がします。こういうふうに育てたいとか、こんな人になってほしいというよりは、自分が今できることをやるだけ。

笑われるかもしれないけれど、もっと動物的でした。子どもがいれば、お腹がすかないようにごはんを食べさせる。寝るところをととのえて、安心して休めるようにする。それを必死でやっていただけです。

家は、自分や家族が「いる場所」です。いわば〝巣〟です。熊だってキツネだって、自分の巣を持っています。人間も動物ですから、生きていくには巣が必要で、それが「家」です。食べて、寝て、安心して「いる場所」を作ること。それさえできていれば、いいと思う。いや、それを日々続けることこそが大変で、だから本当に自分のできることを精いっぱいやっていただけ、という感じでした。

お誕生日会にはクラス全員を呼んで

子どもがいれば、ごはんを食べさせて、身のまわりの始末をして、学校に行くようになれば、毎日行かせて……。本当に親はそれをこなすことで精いっぱい。「育てる」も何もしていない。そういう日々の中で、子どもは勝手に育っていく——。うちはそんなふうでした。

そうこうしているうちに、子どもたちにも、人との付き合いができてきます。学校へ行くようになれば、やっぱりみんなと楽しくやってほしいな、と親としては思うわけです。

今の時代はどうかわかりませんが、当時は家でお誕生日会をやるのが流行っていました。うちの娘もお誕生日会をやりたいと言い出しました。特定のお友だちだけを呼ぶというのが私は嫌だったので、「やるなら、クラス全員呼びなさい」と言いました。「来られない子はしかたがないとして、来られるようならばクラス全員40人呼びなさい」と。

そうしたら、来るわ来るわ、子どもたちがわんさかやってきました。どの子が誰だか、もうまったくわからない。すごかったです、それは。

もちろん私も、40人の子どもを招くパーティなんて初めての体験。どうしようかな、できるかな、何を作って出せばいいかしら……と考えて。そして、ハンバーガーやスパゲティなどのお腹にたまるものと、飲み物と、ケーキ。この3つさえあれば、子どものパーティはOKよね、と思いました。

次に、40人分のケーキを一挙に作るにはどうしたらいいんだろう?と考えました。当時の家にはすごく大きなオーブンがあったので、その大きな天板でスポンジケーキを何枚も焼いて、間にクリームやフルーツをはさんで重ねれば、大きなショートケーキができる。それをカットすれば、40人分のちゃんとしたケーキが出せるわね、って。

飲み物は……いいことを思いつきました。みんなが好きなフルーツポンチ! 巨大なガラスのボウルとカップやレードルがセットになったフルーツポンチ専用の器を買って、大きなボウルに色とりどりのくだものをたくさん切って入れ、三ツ矢サイダーを注ぐだけ。簡単ですが、ガラスの可愛いカップによそって、ひとりひとりに渡してあげると、それはもう子どもたちは目をキラキラさせる。喜びましたね、料理うんぬんではなくて。居間にそれらしい飾り付けもして、私自身も楽しかったのです。

そのお誕生日会がきっかけだったのか忘れましたが、とにかく子どもたちが学校帰りにどんどん遊びに来るようになりました。誰が誰の友だちなんだかさっぱりわからない。友だちの友だちも来ている感じで、うちは娘3人ですが、なんだか男の子もやたら多くて。家の中から庭からドタドタドタドタ駆けまわっていて、連日子どもたちで大騒ぎ。まあ、それが許されるような家に当時は住んでいたのです。

お正月も、おせち料理をたくさん作ると余ってしまいます。それで新年4日目ぐらいに「友だち、呼んでいらっしゃい」と子どもたちに言って。するとまたまた、たくさんやってくるわけです。おせちを食べてもらう目的ですが、それだけでは子どもたちはつまらないでしょう。だから、ミートソーススパゲティとサラダを山ほど作って。それが楽しみで、みんなが毎年来てくれるようになりました。おせちもあっという間にきれいになくなるし、「これはいいわ」と私も味をしめたのです。

と、そんなことをしていました。うちの子にごはんを食べさせるだけでなく、みんなにごはんを食べさせることが、私にとってはおもしろかった。そういうことをやっていたから、のちに料理を仕事にできたのかもしれないです。

学校に行きたくない娘と一緒に登校

子どもが小さいころはもちろん、いろいろなことが起こりました。

娘のひとりが学校に行きたくないと言い始めたことがあります。小学1年生で、入学してすぐのころに給食のミルクをこぼして、担任の先生にすごく怒られたらしい。それで「行きたくない」が始まって、これは困った……と思いました。考えた末に「私も一緒に行くから」と、下の子がまだ小さかったので、その子も連れて3人で学校に通いました。

親子3人で一緒に小学校へ行き、私と下の子は教室のいちばん後ろの席に座って、一緒に授業を受けました。毎日毎日学校へ行って、1限目から最後の授業まで、何しろずっといるのです。それが何か月か続きました。

そのうちに、クラスのみんなが私たちのほうへ集まってくるようになりました。下の子がお絵描きしたり折り紙をしたりしているから、「何してるの?」と、みんなが休み時間に集まってきちゃうわけです。そうなると登校拒否になりかけていた当の娘も、しかたがなく私たちのところへ来て、みんなでワイワイと遊び始めるようになって。「学校に行きたくない」モードはいつの間にか消えていました。

何か問題が起きたとき、こうすればいいという答えは、たぶん誰も持っていないと思うんです。誰かに相談したところで、ピッタリの解決策は出てこない。どんな識者に聞いても、きっと答えは出ないはずです。

生きていくうえで、人が遭遇する局面はさまざまです。その人がそのときに置かれている環境も、その人の頭の中にあるものも、他人には想像がつきません。たとえ親であっても、子どもの中で起こっていることは本当はわからないと思う。でも、子どもが問題を抱えたら、親としては黙って見ているわけにはいきません。ではどうするか。私は、自分に何ができるかを考えました。子どもと一緒に何ができるだろうか、と。それで一緒に学校へ行くことにしたのです。解決策はわからないけれど、自分ができることをやろうと。

ずっとずっと前のことで、今でこそ、こんなふうに冷静にお伝えできますが……当時の私はどうしたらいいのかと困りはてて、必死だったと思います。

おやつの時間が毎日ありました

子どもたちが小さいころは、三度の食事やお弁当のほかに、おやつも毎日作りました。今でこそ世界中のお菓子が買えて夢のようですが、ずっと以前の日本ではまだ、あんこの和菓子か、あるいは駄菓子みたいなものしか売っていなかったのです。洋菓子も本当においしいものは少なかったです。

当時の私は専業主婦でしたから時間がありました。それで料理教室にいくつか通っていて、お菓子は故・宮川敏子《みやがわとしこ》先生の教室へしばらく通いました。

宮川先生は「家庭だからこそ最高のお菓子を作れる」というポリシーで洋菓子研究をされていた先駆者です。学びが多かったです。生徒ひとりひとりがスポンジケーキを焼いて先生に見ていただいたことがあったのですが、先生が私に「粉の日付は確かめたの？」と言われて。作り方だけでなく、材料の品質まで見抜いてしまう先生の感覚の確かさに敬服しました。それ以来、お菓子だけでなくお料理も、口に入るものすべてに確かな素材を選ぶことを心がけるようになりました。

私自身は甘いものはそれほど好まないのですが、教室で習ったお菓子を再現するのはおもしろかったです。クッキー、アップルパイ、いちごのショートケーキ、プリン、マドレーヌ……いろいろなお菓子を作りました。いつもは出足の揃わない娘たちも、「お菓子が焼けたわよ。お茶にしましょう」と声をかけると、いっせいに飛んできて。みんなでお茶の支度をして、おやつの時間の始まりです。

グランマルニエのスフレに凝って、毎日毎日作った時期がありました。スフレはふくらむので作るのが楽しいんですよね。20㎝ぐらいの型で作ると、ふくらむから、こーんなに大きなスフレができる。わあ、と歓声が上がります。「できたわよ。はい、はい、食べて」と、スフレはすぐに食べないとしぼんでしまうから、みんながスプーンを持って待ち構えているのです。

最近になって娘のひとりが「あの時間があったから、どんなことでも乗り越えてこられた」とつぶやくように言っていました。

私自身にも、この言葉の感覚はわかります。私が子どものころも、おやつの時間があったからです。

正確にはお茶の時間なのですが、私の生家では毎日、午前10時と午後3時にお茶の時間がありました。そのころの小学生は誰も塾などに行っていませんから、私も午後のお茶の時間には学校から帰っているわけです。それで、ご近所に「お茶ですよ」と声をかけに行くのが私の役目でした。

ベランダと呼んでいた広い縁側があって、そこへ隣近所の人も三々五々やってきて、母がお抹茶をたてて、お菓子をいただくのです。母はお茶のお稽古をやっていて、父は大の骨董好きで器のコレクターでしたので、この茶碗がどうの……と自慢したいのでしょう。でも誰も聞いちゃいません。ただ、みんなでおしゃべりをしてお茶を飲んで、お菓子を食べているだけ。その時間の記憶が私の中に鮮明に残っています。

何をしているわけでもない、なんでもない、そんなお茶の時間の記憶は一生残ります。たぶん、そうして人と一緒にいること。ただ人といる時間が、思っているよりも、私たちの中に沁みるような気がします。

ＰＴＡの役員になり、やりたい放題やりました

子どもを持つ人は経験がおありだと思うのですが、小学校に入ると、ＰＴＡの活動があります。その年の役員を決めるＰＴＡの会議というのが、これが大変なのです。

父兄といっても、集まっているのはほとんどが母親です。子どものお母さんたちが学校の教室に集まって、自分が役員をできない理由を「親の介護が……」とか「からだの調子が悪くて……」とか何らかの理由をつけて断っていく。

そこにいるひとりひとりが自分の番がまわってくると、なんだか理由らしいことを言って「自分はできない」と断る。中には「主人が……」と断る理由を夫にしたりする人もいて、それを聞いているうちに私は頭に来てしまって。茶番めいたその場の雰囲気がとっても嫌で、自分の番が来たときに爆発してしまった。

「ここにいる全員に自分の事情があるのだから、これじゃ、いつまでたっても決まらな

い。こういうやりかたで、役員を決めようとすることじたいに問題がありませんか」

こう言ったら、「じゃあ、あなたがやりなさい」という話になってしまった。

「いいですよ、やりますよ」

売り言葉に買い言葉ではないですが、役員を引き受けることになりました。

みんなと同じように私も「下の子がまだ小さくて……」とかなんとか、理由をつけて断ることもできたでしょう。でも、判で押したように全員が、自分の番が来ると同じようなことを言って断っていく状況というのが、我慢がならなかった。

PTAの役員を1年間やりました。引き受けたからにはイヤイヤではなく、惰性でもなくて、自分がおもしろがってやれることをやろうと思いました。講師を招いて料理教室を開いたりとか、これまでになかったことを企画しました。私自身が愉しめることを全力でやりましたから、きっと、参加されたみなさんも愉しかったと思います。

右へならえで役目から逃げていたら、ラクはできたかもしれないけれど、そんな1年も過ごせなかったわけで。私にはこれもまたいい経験になりました。

「毎日作る」「たくさん作る」が力になりました

思えば、子どもが小さかった専業主婦のころから、食べるものを作ることに熱心でした。お菓子作りにしても、自分が思ったようにできるまで何度でも作りました。パイもスポンジケーキも、「うーん、もうちょっとふっくら焼きたかった」と思うと、「じゃ、明日もう一度作りましょう」となって。お菓子は初回は上手にできることが多く、2回目、3回目で失敗することが多いのです。ですから、あきらめずに続けて作ることが大事です。続けて作ることで、からだが覚えてくれる。

そうして作り続けて自分のものになると、今度はそこから「こうしたらどうかしら」という自分なりのスタイルが出てきます。

最初は教わった通りに、きれいにデコレーションしていたいちごのショートケーキも、そのうちにスポンジを手でむしり、とろりとゆるめに泡立てたクリームと、グラニュー糖とレモンでマリネしたいちごの3つをそれぞれ大きなボウルに入れて、「はい、好きなだけどうぞ」と出すようになって。食べる人が、スポンジケーキとクリームといちごを好きなだけお皿にとって食べる、フリースタイルのショートケーキです。

自分で好きによそえるのって、子どもたちが喜ぶんですよね。子どもだけでなく大人も愉しいから、わが家のいちごのショートケーキは今もこのスタイル。ですから、私が作るのは気取らない「おやつ」なんです。食事の用意をする合い間にサッと作れるおやつ。スコーンもドーナッツも粉をこねるのはフードプロセッサーにまかせて、10分、15分で簡単に作れるレシピが自然に生まれていきました。まだ料理の仕事を始める前のことです。

植物に囲まれた現在のスタジオのテラス。近所のコーヒー屋さんがここで早朝カフェを開いたりも。

20代にひとりで作っていた雑誌「mc Sister」。創刊号から6号ぐらいを担当しました。

なぜ同じ本が2冊あるかというと——文庫は旅に持っていくために。それほど私にとって大切な一冊。

急須を作ることになったときは、「この持ち手の角度と長さがいい」と計量カップをモデルに。

少量の汁物を作るのにちょうどいい、直径16cmの銅の段つき鍋。毎日使う鍋こそいいものを。

ふだんの暮らし、ふだんの食事こそ大事。見た目は地味でも、質のいいものを食べるように。

フライパンのように使える土楽窯のひとり用土鍋。青菜の炒め物から牛すきまで。

ベランダのプランターで育ったフェンネルの花は、さっとゆでてピクルスに。香りがいいのです。

パスタの最後の1本もつかめるトングを作りました。こだわりの職人さんとの仕事は愉しい。

揚げたてのドーナッツにメープルシュガーをまぶして。デザートではなく「家庭のおやつ」が好き。

子どもたちが小さなころからうちにあって、今も現役のゆで卵メーカー。愛らしい形です。

よくできた道具は一生もの。型は京都・錦の有次のもの。スパッときれいに抜けます。

「食事の合間に作れるおやつ」が子どもたちが小さいころの、私のおやつ作りのテーマでした。

6
私にとって大切なこと

いる場所を変えてみる

自宅とスタジオを行き来して、料理やもの作りの仕事をして、週末にイベントをしたり、たまにインスタライブをしたり……毎日やることがたくさんあります。仕事仲間にも恵まれて、おもしろい仕事をさせていただいているのですが、時々息抜きをしたくなります。それに都会だけにいると、わからないことがたくさんある気がしています。

スケジュール帳に1日、2日の空きがあると、信州・野尻湖の山の家へ車を走らせます。片道3時間半かかりますが、音楽（クラシックが好きです）を聴きながら、都会を離れてだんだん緑が深くなる風景の中を車で走るうちに、日常モードから違うモードへと気持ちが切り替わっていくのがわかります。

山の家は、大昔に買って忘れていた山の中の傾斜面の小さな土地に、建築家として独立したばかりだった長女夫妻の最初の作品として、２００3年に建ててもらいました。横長の平屋の建物で、居間とキッチンと小さな寝室があるだけのコンパクトな家ですが、傾斜面側の壁一面がガラス張りで、森と山の景色がパーッと広がっています。本当に森と山しか目に入らず、遠くに山々があって、たまに鳥が飛んでいるかな、という風景。それを椅子に座って一日中ぼうっと見ている。山の家ではそんな過ごし方をしています。

テレビもなく、人にも会わず、外の景色を眺めて、お腹が空いたら何か作って食べて、また外を眺めて……。気が向くとそこから車を走らせて、知らない田舎道を走ってみます。目的地があるわけでもなく、ただ田舎道をぐるぐると。日本海側のほうへどんどん行ってみたりして「私は今、いったいどこにいるんだ?」みたいな。自分でもなぜだかわからないけれど、それをしているということは、そういうことが自分に必要なのでしょうね。

人がたくさんいるところにはなるべく行かない。人と同じ方向へは行きたくない。あえてその逆をすることで、動物としての自分の感覚が戻っていくような、そんなことなのかもしれません。

そんなふうに「いる場所」を変えることが、私にはとても大切なのです。

ひとりで旅をする

みんなと一緒ももちろん楽しいけれど、ひとりの時間も私は好きです。旅も、大勢でワイワイ行くのもいいですし、ひとり旅ならまた違う楽しみがあります。

初めてひとり旅をしたのは、料理の仕事を始めてからで、子どもたちに手がかからなくなったころでした。フランスへ行ってみました。

パリから北のほうへ、モネの家があるジヴェルニーという町に1日かけて行って、帰ってきたりとか。パリの街をぐるぐる歩いて、疲れてホテルに帰ると、今日はどこを歩いたのか地図に書き込む、そんな旅です。

ひとりっていいな、と思いました。行きたいところへ行けるから。連れがいたら「ここに行きましょうよ」とか「この店へ食べに行きましょう」と、どうしても「何かをする」プラスの旅になります。でも、目的もなく気ままに歩くとか、何にもしないでただそこにいるとか、そういうマイナスの旅もまた愉しいと思うのです。

ひとりだと、食べたくないときは食べなくていい、という選択肢があるのもうれしいことです。誰かと一緒だと、どうしても無理をして食べることになって、しかも旅先だと頭があれもこれもと欲しがりますから、食べすぎて体調がいまひとつ……なんていうことにもなりかねません。

それに、旅先でひとりで食事をするのもいいものです。

パリの初めてのひとり旅では、かなり上等なレストランへも行きました。海外でひとりでごはんを食べるなんて寂しいと思いますか？　ところがまるで違ったのです。

名前は忘れてしまいましたが、予約をして行ったレストランです。店の真ん中のテーブルに通されて、外国だし、初めての店でひとりだし、こんな全員に見られるような席で嫌だな……と最初はかたくなっていました。ドキドキでした。ところがサービスの係の人が、私を放っておかないのです。あとから考えると、店の真ん中の席に私を座らせたのも、彼の采配だったと思います。とにかくひとり客が寂しい思いをしないようにと、お給仕の人がものすごく上手に相手をしてくれたのです。

そのころの私はアテネ・フランセでフランス語を習っていたので、片言の英語とほんの少しのフランス語のミックスで話をしていました。相手は私が何を言っているのかわけがわからなかったかもしれません。それでもなんとなく会話をして、料理が一品ずつサーブされるうちに、私は次第にリラックスして「ひとりで優雅に食事を愉しんでいるご婦人」になれている気がしました。つまりそういうふうに仕向けてくれるような、すばらしいサービスなのです。「ああ、こういうふうにするのね」とすごく勉強になりました。

リラックスしてくると店の真ん中の席ですから、まわりを見る余裕もできます。ひとりで食事をしているおじいさんもいれば、大勢で楽しんでいるグループもいて、それぞれが気分よく食事の時間を過ごしています。いろいろな人がそれぞれに楽しい時間を過ごせるように、店がお客に快適な居場所を用意している。そのことがよくわかりました。

帰り道は、緊張していた行きの道とは、まるで正反対の心持ちです。「今日はよかったな」なんて思って、幸せな気持ちで夜道を歩きました。ひとりでパリのレストランで食事を愉しむことができたのですから、自分の経験値がグンと上がった感じです。こんなことは、ひとりでないと経験できないのです。

ですから、言葉がしゃべれないとか、やったことがないからとか、そういうことで何かをあきらめてしまうのはもったいないと思います。言葉ができないことなんて、なんの妨げにもならないです。やってしまえばなんとかなるし、なんとかなる以上のものがあることを、初めてのひとり旅で味わいました。それ以来、今もひとりの旅を続けています。

海外に住みたい夢がありました

初めてイタリアへ行ったときも、ひとり旅でした。そのときは料理雑誌のイタリア取材の仕事を受けて、せっかくイタリアへ行くのだから、ひとりで先に行って、ぶらぶらしていようと思いました。取材スタッフよりも10日前に到着する旅程です。

最初から思わぬアクシデントがありました。成田から飛び立ってすぐに、飛行機が故障したのです。成田の海の上を6時間ぐらい旋回して、いったん成田空港に帰ってから、あらためて出発しました。そんなこともあるんですね。

だからローマへの到着も遅れて真夜中になってしまって。こんな時間に着いちゃって、どうするの?と思いましたが、タクシーはいたので、タクシーに乗ってホテルに着きました。ひとりだし初めての国だし、もちろん不安でしたが、まあ、なんとかなるものです。

イタリアでも、パリと同じようにローマの街をぐるぐる歩いたり、泊まっていたホテルで外国人向けのツアーがあったので、参加してみたりもしました。

ツアーに参加するとよくわかりますが、ひとりで旅している人って結構多いのです。日本人は少ないかもしれませんが、外国人は女性でも男性でも、中年以上の年齢でひとり旅をしている人がたくさんいる。国もバラバラで、みんなイタリア語はもちろん、母国語以外はわからなかったりするわけです。それでも平気で旅している。だから本当に「言葉がしゃべれない」ことはなんのネックにもならないと思います。

さて、こんなふうに、50代でさかんにひとり旅をしたのには、実はひそかな想いもありました。いずれ海外で暮らしてみたいと漠然と思っていたのです。でも、それがどこだかはわからなかった。それでいろいろなところへ行ってみようと思いました。

最初は「フランスなのかなあ」と、なんとなく思っていたんです。でも行ってみて「違うかな」と。あるとき、フランスから車でイタリアへ入って、何気なく訪れた中部の古い街にとても惹かれてしまいました。「あっ、ここだ」と思ってしまった。それから仕事の合間を見つけてはイタリア中部の街へ通って、家探しをしました。

イタリアで家を買う

イタリア中部の街に住みたいと思って、1年ぐらい家を探しました。娘たちにも内緒で足しげくイタリアへ通い、物件を見てまわりました。ようやく出合った家は、元は修道院の一部だったという14世紀の建物です。修復とでも言いたくなるような大がかりなリノベーションに、さらに時間がかかりました。日本で2か月間仕事をしたら、イタリアへ行って、あちらで2か月間リノベーションに立ち会う、ということを1年ぐらい続けたと思います。

イタリアで家を買うには、法的な手続きのために弁護士をつける必要があります。弁護士とのやりとりはさすがに通訳の方をお願いしましたが、リノベーションをしてくれる建築家やご近所の方とは、単語を並べるだけのイタリア語でなんとか意思の疎通をしました。イタリア住まいが焦点になると、日本で習っていたフランス語はやめました。イタリア語と似ているので、両方だとわけがわからなくなってしまうので。それでイタリア語教室に変えたのですが、結局のところ日本での勉強は何の役にも立たなかったです。

言葉を学ぶなら、やはり現地です。リノベーションをしていた時期から、イタリアの家に近い街のイタリア語教室に通い始めました。そこで学んだことや、あちらの人たちとふだん会話をすることで、言葉がどんどんからだの中に入っていった感じです。

80歳以上になると自慢するイタリア人

早いもので、イタリアに家を構えて27年になります。東京が働く場所だとしたら、イタリアの家は私にとって暮らす場所。イタリアへ行くと、とくに観光をするわけでもなく、近所の八百屋さんで買い物をしたり、中世の面影の残る石畳のわが町を散歩して、途中でジェラート屋さんに寄ったり、美しい夕空をぼうっと眺めたり。そんなふうにのんびり暮らすことを愉しんでいます。

日本からイタリアへ着くのはたいてい夜なのですが、翌日、私の家の窓が開くと、ご近所の人たちが「ああ、来たね」とわかって、道で会うなり「今夜、うちにごはん食べに来なさい」と声をかけてくれます。イタリアへ行くと、みんなの家でばかりごはんを食べています。彼らは日本のようにおもてなし料理を準備するわけではなく、自分たちが食べている普通のごはんを私にも出してくれる。その気楽さがいいのです。

人が来るから家を片づけなければ、とか、そういうこともあちらでは一切ありません。自分たちを「よく見せよう」ということに意義を感じないみたい。体面を気にしないというか、見た目をあまり問題視しないのです。人に対してもそうで、背が小さかろうが大きかろうが、色が白かろうが黒かろうが、そういうことはどうでもいいようです。生まれつきからだに不具合のある人も、そういう人なのだと当たり前に受け入れて、ごく普通に対します。多様性があるのです。

おもしろいことに、職業の話もあちらでは出ません。だから誰がどんな仕事をしているのか、私はよく知らないのです。

家の近所にはイタリア人だけでなく、ドイツ人やアメリカ人などいろいろな人が住んでいます。中でもドイツ人夫婦とは仲良しで、彼らも私をよくごはんに呼んでくれます。何かの話のついでに知ったのですが、そのドイツ人はドクターだそうです。長年のお付き合いですが、「あら、お医者様だったの?」と最近になって知りました。そのぐらい、イタリアでは誰も自分の仕事の話をしないんです。もちろん人にも聞きません。だから私が何者であるかも、誰も知らない。それがまたいいのです。

何者でもなく、ただそのとき、その場にいる自分で存在しているということ。これは気がラクです。これが本当の自分かも、と思ったりもします。何かの役割を背負ったりする必要がなく、見栄をはったり、はられたりがない世界です。日本ではこうはいきません。何をしているとか、何歳だとか、どこ出身だとか、結婚しているのかいないのかとか、そういうことをまず知りたがりますよね。不思議です。

また年齢のことで言えば、イタリア人は80歳になると自慢するのです。この間行ったときも、庭掃除をしていたら、向こう側の家のお嬢さんとお婆さんが出てきて、「こんにちは」のあいさつのついでに「私、もう80過ぎなのよ、すごいでしょ」ってお婆さんが言う。「すごいわねえ」と返すと、得意げな顔をしていました。そういうことがよくあります。

でも本当は、私もいばれる年なんですけどね。

自分の素の状態を知ること

東京以外のところへポンと行きたくなります。都会には緑が少なく、狭いところにギュウギュウに人が詰まっている。ホッとしないし、どうも息苦しいのです。

そうでなくても、今は情報がわーっと押し寄せてくるから、心静かに暮らすのが難しいです。もちろん情報は必要ですが、自分に必要な情報かどうか、最終的な判断は自分でするしかないと思っています。情報は「使う」こと。情報に「使われる」のは嫌なのです。

たとえば食べものなんて、すごくわかりやすいです。みんなが「おいしい！」と言うと、それだけで「おいしいものなんだ」と思い込んでしまう人が多い。それで人気になって、並んで買うようになったり、予約が取れない店になってしまったり。そんなふうに情報に「使われる」と、自覚のないままに何かを宣伝したり、何かを主張する片棒を担ぐことになってしまうこともあります。風潮を作るのは、自覚のないままに情報を受け入れたり、拡散したりする行為なのです。

おいしいと世間で評されるものは、私も一応食べてみます。それで自分がおいしいと思うかどうか。おいしくないと思えば、自分にとってはそういう評価です。

だから、情報を鵜呑みにしないこと。最終的には自分の目、耳、鼻、舌、感覚で判断すること。それは、自分の素の状態を知らないとできないことかもしれません。

人って、自分の素の状態がどんななのか、よくわからなくなっていると思うのです。髪のカラーリングをずっとし続けていると、自分の今の髪がどんな色なのかわからない。それと同じで、外からの情報を浴び続けていると、これをしなくちゃとか、こうあるべきと思っていることが、本当に自分の考えなのかわからなくなる。世の中の価値観や、おびただしい情報に振り回されて、こうであるべきと思い込んでいる場合もあると思います。

そこから離れるために、私は人のいない自然の中に、自分の身ひとつを置くことをしたいのです。ひとり旅をして、日常から離れた環境に自分を置きたい。目的もなく車で田舎道をぐるぐる走ったりするのも、ただ生きている「素の自分」を確かめたいからかもしれません。風が冷たいとか空が高いとか、ただ感じるだけの時間が私には必要なのです。

モヤモヤしたときは家の中を片づける

誰もがそうだと思いますが、私の人生にもいいことばかりがあったわけではなくて、人には言えないようなつらいこともありました。

誰かのせいにできるようなことは、まだラクです。誰のせいにもできず、泣くこともできないようなときもあるのです。どうしたらいいのかわからず、落ち込む余裕もないような状態……。そういうこともあると、経験してきましたから。でもありがたいことに、悪夢のような経験も、時間が経つと冷静に客観的にみられるようになるものです。

と、こんな気持ちが根っこにあることをお伝えしたうえで……日常生活には細かいイライラやモヤモヤ、頭に来るようなこともたくさんありますよね。

そういうときにどうするか。やけ酒を飲んで解決するならば飲みますが、お酒を飲んでもなんの解決にもならないし、かえって体調が悪くなるだけ。ですから私は頭や気持ちがモヤモヤするときは、家の中の片づけを始めるのです。

頭がモヤモヤしているのだから、頭で考えようとしてもだめ。それより手足を動かしたほうがずっといい。手足をせっせと動かして片づけをすれば、家の中がすっきりするし、片づけにはモヤモヤとは違う頭の部分を使うので、なんだか気持ちも清々とします。

何か理不尽なことが起こって、頭にカーッと血がのぼったようなときはどうするか。そんなときは自分の感情をいったん置いて、もうひとりの自分を外に置き、そこから現状を見るようにします。起きたことを第三者の目で冷静に見るようにする。そうすると感情に流されずに、現状を見ることができる。「自分」と、客観的に自分を見られる「自分」、ふたりの自分を持っておくとよいようです。私は困ったときはそうしています。

自分の世界をちっちゃくしない

人それぞれでよいと私は思っています。人の目は気にしない。

人の目は不確かなものだからです。人の目、すなわち世間の目は、世の中の状況や流行などにすごく左右される。そのときそのときで変わってしまうものです。

「私はこうする」って、そういうことでいいと思う。

わがままを通していいとか、そういう話ではないですよ。人にウケがいいからとか、こっちのほうが人気があるからということを判断材料にはしない、ということ。

私はよく「売れなくたっていいんです。売れる・売れないは関係ない」と言って、仕事仲間に変な顔をされています。でも本当のこと。たとえばマーケットリサーチをして、人に受けそうなものを作る——ということには、私は興味をそそられない。やる意味がないと思ってしまう。ちょっとウケるというそれだけの世界は、先につながるものがない。

自分に限度を設けないほうがいい、といつも思っています。全然得意ではない、自分とは関係のないような世界に飛び込んでみると、そこにはいろんな人がいて、いろんなことを教えてもらえます。小さな冒険の積み重ねを、いくつになってもやっていきたいと思っています。

未知なる世界に飛び込むのは勇気がいります。「こんなことをして大丈夫かな」と尻込みしてしまいますよね。でも、失敗したっていいんです。失敗して、そこから始まるのでいいと思う。「うまくいくわけないよね」というところから何事も始まるのです。料理もそう。失敗したら何がよくなかったかを考えればいいわけで。失敗しないとむしろ、料理が身につかない。日本人は優等生気質だから失敗を恐れて「できない」「無理」とあきらめてしまいがち。「いいじゃない、失敗したって。そこから始まるよ」と私は言っています。

肩書きはまったく気にしません

仕事仲間と数人でおしゃべりをしているとき、「有元さんは相手によって態度を変えませんね」とふいに言われました。「ん？　どういうこと？」と私は最初ピンと来なくて。すると、40代と思しきその女性は言いました。

「有名な会社の人だからとか、偉い人だからとか、肩書きで人を判断しない気がする。たとえ新入社員でも、下に見ないというか。あくまでも人対人。1対1で人と向き合う気がするんです」

「いや、でも、それはみんなそうでしょう？」と返すと、「そんなことないですよ。自分に有益な人かどうか、肩書きで付き合う相手を選んだり、大事にしたりする人も世の中にはいます」

ふうむ、と考えて私は言いました。

「そうねえ。たとえば、こんな言い方がふさわしいかどうかわからないけれど、食材と同じなんですよ」

「食材と同じ……」。相手は虚をつかれたような顔をしています。

「たとえば、ずっと愛用しているオリーブオイルと出合ったときもそうでした。使っていたオリーブオイルがきれたので、イタリアの家の近くのエノテカ（食事もできる食料品店）で、名前も製造元も聞いたことがなかったオイルを、ボトルがすてきだったから買ってみた。それで食べてみたら、すごくおいしくて驚いたのね。それからお付き合いが始まったのが、マルフーガ社のオリーブオイル。日本でも使いたくて、自分で輸入するまでになったオイルが、今や世界一のオリーブオイルの賞をとるまでに成長してしまったんです。つまり世間の評判ではなく、大事なのは中身だということ」

「人間とオリーブオイルを同列に語るなんて、有元さんらしいですね」と誰かが言って、その場に笑いが起こったけれど。でも、実はこれは、私がとても大切にしているところなのです。

ご存じでない方のために、ちょっと説明が必要かもしれません。

イタリア中部のマルフーガ社のオリーブオイルに出合ったのは、もう25年ほど前のこと。それまではイタリアのうちの町の近くのファットリア（農場）で作っているオイルを買っていたのですが、きれてしまって。「今日使うオイルがないわ」という状況で、町のエノテカに買いに行きました。そこに3種類ほどあったオリーブオイルの中から、すてきなボトルのものを1本選んで、買って帰って食べてみたら、すごくおいしかったのです。

当時は無名に近い会社で、私はマルフーガのマの字も知らなかったのですが、裏のラベルを見て「あ、あそこの村ね、行けるかも」と思いました。日本でも海外でも、食材にしろ道具にしろ気になるものがあると、自分から近づいていくタイプです。人の評判をあてにしたり、ネットで情報を得るよりも、それが作られている場所へ出かけていって、現場を見たほうが早いと思う。自分の目で知りたい、判断したいのです。

それで、マルフーガ社へも住所を頼りに車を飛ばして訪ねて行きました。その家の門は閉まっていたのでベルを押して「オイル、買えますか」って。アポイントなしで訪ねました。

今は立派なファクトリーを構えていますが、当時のマルフーガ社は普通の家で、18世紀から庭先に搾油所を作って生産していました。もちろん家族経営で、当時の主《あるじ》（現在の当主のお父さん）が情熱的な人で、いきなり訪ねて行った私にもオイル作りについて詳しく説明してくれました。

そのころはまだ私はあまりイタリア語がわからない状態でしたが、そんなことおかまいなしにしゃべり続けてくれて。オリーブの品質、搾油方法、オイルの販売方法に至るまで彼らにはこだわりがあり、自分たちが「よし」と信じるやり方を貫いている。とても誠実な仕事をしていることが伝わってきました。それでいっそうマルフーガ社のオイルが好きになり、お付き合いが始まって、日本で唯一の輸入元になってしまったというわけです。

毎年、イタリア国内ばかりでなく、世界的なオリーブオイルコンテストがあります。世界中からたくさんのオイルのエントリーがある中で、マルフーガ社のオイルは最優秀賞に選ばれ、イタリアのみならずヨーロッパのおいしいものに敏感な人たちの支持を集めています。日本の輸入元である私も、マルフーガ社のオリーブオイルのすばらしさを「きちんと伝える」ことを守って、現在も自分のところだけで細々と販売しています。

本心じゃないことを言うのはみっともない

マルフーガ社のオリーブオイルを最初に口にしたとき、野草の香りがして爽快感がありました。自分の好きな食べ物はたいていそう。口に含んだときに違和感がなく、自然に食べられるものが、自分に合うもの、自分が好きなもの。

人も同じだと思います。初めて会った人でも、「あ、この人に魅かれる」と感じることがあります。顔かたちではなく、もちろん肩書きでもなくて、声や話し方で人ってわかる気がしていて。何を話すのかということも大事で、話がうまいとか下手とかではなく、その人の「話そう」とすることに耳を澄ませている自分がいる気がする。その人の話に自分がきちんと向き合えるのか、どうやらそこが気になるようです。

だから苦手なのは、本心ではないことを言うこと。自分にとって耳の痛いことでも、本心で言ってくれる人の存在はかけがえのないものです。

本心ではないことを口にするのって、気持ちが悪くないですか？　私は気持ちが悪い。もし、仮に自分がそれをすることがあったとしたら……「人としてみっともない」とすごく自己嫌悪に陥ると思う。それぐらい嫌なことです。

自分を大きく見せようとする人も苦手です。それこそ肩書き、学歴、財産や社会的権威を口にして自分を大きく見せようとするのは、むしろ恥ずかしいことだと思ってしまう。私には興味のないことです。

パッケージに、なにかの賞をとったことが大きく書かれている食品や、ミシュランで星をとっているという店にも、それだけでは興味が湧きません。評価はあくまで自分がするもの。だから、やっぱり、食べものも人も同じなのです。

休みの日は植物を買いに行く

人混みを避けたいので、週末に街へ繰り出すようなことはまずしません。では休みの日に何をしているかというと……植物を買いに行きます。

植物を買いに行くときは、すごくハッピーです。しょっちゅう行けるわけではないから、ウキウキしてしまう。好きな園芸店が何軒かあって、中でも広大な敷地に花もハーブもたくさん揃えている店が数軒あります。うちからだと車で片道1時間ぐらいかかる園芸店へも、時間があるときはいそいそと出かけていきます。

植物を育てるのは好きですが、植物に詳しいわけではないので、行けばお店の人にいろいろと相談します。たとえば、うちのマンションの前の小さなプランターに何を入れたらいいかな、と思って園芸店へ行ったとき。私はこんな相談を持ちかけました。

「あまり手入れはできない。管理人さんがたまに水やりも忘れるかもしれない。日当たりもよくないし、環境はいまひとつ。だけど季節になると花が咲いて、花の色は白系がいい。共有スペースだから、全員が好きっていうのは難しいかもしれないけれど、そこを通るみんなが嫌ではない植物がいい。それは何かしら?」って。そんな質問にも、向こうもプロフェッショナルですから親切に答えてくれます。

植物を買いに行くと、片道1時間かかるから、半日はつぶれてしまいます。植物だけでなく、土や肥料や植木鉢も買ったりすると、すごい荷物になって、家に帰ってそれを植えるのがまた手間です。それでも愉しいのです。デパートに洋服は見に行かないけれど、時間があれば植物は見に行きたい。

今年はスタジオを移転して、1階のスタジオのまわりにも、ベランダにも、植物をたくさん植えました。こちらは以前から懇意にしている園芸家の日高さんに、ガーデンプランニングをお願いしました。ティーツリー、レモン、グミ、ラベンダー、コリアンダー、ブルーベリー……植物と言ってもハーブやフルーツの食べられるものばかり。

料理をしていて欲しくなると、ベランダへ摘みに行きます。都会の真ん中でもよく育つものですね。山盛りのガーデンサラダが食べられるのは幸せです。

そこにいる人に尋ねましょう

殻付きの日本のくるみはおいしいです。殻からむきたてのくるみを、そのまま口に入れてみると……あまりにおいしくて驚くと思います。くるみはむくとたちまち酸化が始まるそうで、殻付きを食べると、もう、むいてあるものには手が出なくなります。

くるみはサラダに散らしたり、小魚と一緒に食べたり、つぶしてパスタのソースにしたり、いろいろに楽しめます。殻に入れたままなら1年ぐらい放っておいても平気なので、うちではかごに入れて飾りながら、くるみを常備しています。

信州・雷電《らいでん》のくるみは特別おいしいと、これは長野の知人から教えていただきました。

「有元さんはおいしいものをよくご存じですね」と人から言われたりするけれど、私だって教えていただいて知るのです。

長野の黒姫にある山の家へ行くと、途中にある直売所に寄って野菜や果物を買います。

そこで「これはなんですか?」と珍しい地元の食材について尋ねると、地元の方はみなさん親切に「こうやって食べるとおいしいですよ」と教えてくださいます。「こういうものはあるかしら?」と聞けば、「今はないけれど、10月の中頃にはいいものが入りますよ」と情報をくださいます。ペンションのご主人や、おいしいお蕎麦屋さんなど地元で親しくなった方々とも、いつも「おいしいもの」や「おいしい店」の話になります。黒姫は山の中だと思っていたら、新潟が近いため、思いがけずよい魚屋さんやお寿司屋さんがあるのです。こういうことは、その地にいないとわからないことです。

今は、なんでもかんでもすぐにスマートフォンで調べようとしますが、知っている人がいるのなら人間に聞いたほうがいいのです。ネットは知りたいことをダイレクトに教えてくれるかもしれないけれど、おまけはくれません。その点、人間はこちらが知りたいことに加えて、「だったらこっちのほうがいいですよ」とおまけの情報をくれることが多いです。そのおまけに、とびきりおいしいものが隠されていたりするのです。

近所のスーパーだって同じです。料理したことのない魚だったら「どうやって食べるのがおすすめですか」と売り場の人に聞いてみる。そこから広がる世界はきっとあります。

ある夏の夕方

ある夏の日の夕方。8月も終わりというのに日中は酷暑で、陽が傾くと涼しい風が吹き始めたけれど、それでも草木の世話をしていると汗が噴き出してきます。

午後にスタジオで仕事の打ち合わせがあって、早く終わりそうだから、そのあとの時間でテラスまわりの草木の手入れをしようと、朝から思っていました。

愛知県のほうにある植物屋さんのYouTubeチャンネルが好きで、車を運転しているときにつけて、ラジオのように声だけを聞いています。果樹の枝先が枯れてきたらそこを切ったほうがいいと、そのチャンネルで知りました。ブルーベリーがたくさん実をつけた年は、早いうちに枝を短く切り込んだほうがいいということも。

スタジオのテラスの向こう側には目隠しの目的もあって、背が高めの果樹を植えています。だいぶ鬱蒼《うっそう》としてきたし、レモンの木の先が茶色く枯れかけているし、下草も整理したほうがいいわね、と気になっていたのです。シャツの袖をまくり、高いところまで腕を伸ばして、まずは枯れかけているレモンの枝をノコギリで切ります。長いままではゴミとして出せないので、切った枝をさらに10㎝ぐらいに切り揃えて不織布のガーデンポットに入れていきます。庭仕事は力仕事です。暑くて汗もかくし、まとめていた髪も乱れ放題。でもいったん始めると没頭してしまい、見た目なんておかまいなしです。

払った枝や抜いた雑草で、腰までの高さのガーデンポットがいっぱいになると、次は水やりです。シャワーをたっぷり浴びた草木は、緑が青々として気持ちよさそう。

「こんにちは！」とふいに声をかけられました。振り向くと仕事仲間が立っています。お留守ならポストに入れておきますね、と書類を持ってくる連絡をもらっていたのでした。「なにしてるんですか、ひとりで。暑い夏の夕方に」と彼女。「地味なことしてますねぇ、でも有元さんらしい」と言われてしまいました。

はい、私の暮らしは地味なんです。地味にコツコツと目の前のことをやるだけ。でもそうでないとしたら、いったい何をしたらいいのか。私にはこうやって日々を生きることしか思いつかないのです。

有元葉子　ありもと・ようこ

3人の娘を育てた専業主婦時代に、家族のために作る料理が評判となり、料理家の道へ。素材をいかしたシンプルでおいしい料理だけではなく、洗練された暮らしぶりや、軽やかに人生を楽しむ生き方が世代を超えて熱い支持を集めている。メーカーと共同開発するキッチン用品「ラバーゼ」のシリーズは使いやすさと機能美を追求し、ファンが多い。東京・田園調布で料理教室「cooking class」を主宰。著書に『レシピを見ないで作れるようになりましょう。』シリーズ(SBクリエイティブ)、『有元葉子の冷凍術』(筑摩書房)、『有元家のさもないおかず』(三笠書房)など多数。

ブックデザイン
若山嘉代子　L'espace

写真
竹内章雄

構成
白江亜古

編集
八木麻里(大和書房)

生活《せいかつ》すること、生《い》きること

2023年11月20日　第1刷発行
2024年1月10日　第3刷発行

著者　有元葉子《ありもとようこ》
発行者　佐藤　靖
発行所　大和《だいわ》書房
東京都文京区関口1-33-4
電話　03-3203-4511
印刷　萩原印刷
製本　ナショナル製本

ISBN978-4-479-78593-4

https://www.daiwashobo.co.jp